新・地域の社会学

森岡清志[編]

はしがき

　2023年の春も終わりを告げようとしている頃,有斐閣の編集者の方からメールが届きました。『地域の社会学』が発刊から15年経ち,刷数も12刷になっているので,そろそろ改訂版をつくることを考えてはどうか,というお話でした。たいへん嬉しいご提案をいただいたので,さっそく連絡をとり,改訂版を発刊する準備にとりかかりました。15年の歳月は地域社会を大きく変えてきました。旧版で取り上げなかったような問題も各地で見られるようになりました。それらをテーマとする章を加え,『新・地域の社会学』をつくることには意味があるのだろうと思い,目次に記載されているような構成を考えた次第です。

　第1章から第5章は,いわば基礎理論編とも言える内容ですので,旧版と異なる箇所はあまりありません。大きく変更したのは,第6章から第12章にあたる本書の後半部分です。東日本大震災以降,関心を集めることになった防災と地域とのかかわり,生きづらさを抱える若者に伴走する地域の人々の活動,格差の拡大と貧困層の増大と地域の変容の関連,高齢化と地域集団の衰退などなど,取り上げたいテーマは多岐にわたり,またその奥行も深いものがあります。ただ,テキストとしてのボリュームを考えるとそれほど多くを採り入れることはできません。結局,6章から12章の執筆者を新しい方々にお願いし,その方々の研究テーマに近いタイトルで各章を担当していただくことにいたしました。

　本書を刊行する目的そのものは,旧版の時と変わっていません。旧版のはしがきに書いているように,「地域」ないし「地域社会」の意味内容と空間範域を明確にすること,現実の「地域」の多様

i

な側面を描くこと,「地域社会」に関するわかりやすいテキストを提供することです。旧版と同じく, 新版もまた幅広い読者の支持を得られますよう祈念しています。

　最後になりましたが, この間, 細心の注意を払いつつ支えてくださった有斐閣編集部の堀奈美子さんに, 心よりの感謝の意をささげたいと思います。

　2025 年 1 月吉日

森 岡　清 志

初版はしがき

　さまざまな領域で「地域」の重要性が再認識されている。1995年の阪神・淡路大震災の苦い経験を通して、私たちは防災と復興に果たす「地域」の役割の大きさを教えられた。少子化と高齢化の予想を超える進行のなかで、私たちは、高齢者と幼児・児童の生活が「地域」を基盤としていることの意味を、あらためて捉え直そうとしている。環境問題も結局は「地域」での解決を要する問題であることにも、私たちは気づき始めている。また、地方分権の流れは「地域」の自立と自治の回復を求め、「地域資源」の再評価を要請する住民の声となり、しだいにその勢いを増しつつある。

　このように、近年、「地域」に対する人々の関心はしだいに高まりつつある。「地域」という言葉の使用頻度も、高くなっているように思われる。ところが、「地域」という言葉が内包する意味内容も、空間範域も、人によって、文脈によって、じつにさまざまである。これほどよく用いられるのに、これほど多義的な言葉もめずらしい。

　かりに〈地域〉という言葉を日常用語と学術用語に分けたとしても、日常用語は多義的であるが学術用語は一義的であるというわけでもない。日常用語は多義的であるほうがかえって使い勝手がよいかもしれないが、学術用語は一義的であったほうがよい。概念の意味内容が一義的であるからこそ、学生たちはこれを理解し習得することができる。教える側に立つ研究者集団は、概念を共有しつつ同じ土俵のうえで議論を進めることができる。もちろん学生へのきちんとした説明もできるようになる。

本書の第一の目的は，学術用語としても多義的な「地域」ないし「地域社会」という語の意味内容と空間範域を明確にすることであり，そのうえで「地域」ないし「地域社会」の多様な（多義的ではない）側面をさまざまな角度から描くことである。

　第二の目的は，社会学（とりわけ都市社会学）の立場から，「地域」ないし「地域社会」に関するわかりやすいテキストを提供することである。このため，学問的検討を要する箇所でも，できるだけ平易な説明をこころみた。また，大学生だけでなく，自治体職員の方々，「地域」に関心をもつ住民の方々も読者に想定し，幅広い方々に読んでいただけるようこころがけて執筆したつもりである。

　本書はやむをえざる事情から，執筆者の途中での交替を余儀なくされたこともあり，当初の予定よりも，刊行が大幅に遅れることとなった。もっと前に執筆者の交替を決断していれば，2年ほど早く刊行できていたかもしれないと今になって思う。いずれにせよ，結果として刊行が遅れてしまったことの全ての責任は編者に帰属するものである。

　最後になったが，この間，根気強く支え続けてくださった有斐閣アカデミアの池　一氏には，心よりの感謝の意をささげる。氏の助言と励ましなしに本書の刊行はありえなかった。

　　2008年1月吉日

　　　　　　　　　　　　　　　　　　　　　　　　森　岡　清　志

執筆者紹介 (執筆順, *は編者)

*森岡　清志（もりおか　きよし）　〔第1, 2章〕
　　現職　東京都立大学名誉教授, 放送大学名誉教授
　　主著　『都市社会の社会学——都市社会学の基礎概念と応用』放送大学教育振興会, 2012年。『都市空間と都市コミュニティ』（編）日本評論社, 2012年。『社会学入門〔改訂版〕』放送大学教育振興会, 2016年。

玉野　和志（たまの　かずし）　〔第3, 4章〕
　　現職　放送大学教授
　　主著　『東京のローカル・コミュニティ——ある町の物語1900〜80』東京大学出版会, 2005年。『町内会——コミュニティからみる日本近代』ちくま新書, 2024年。

中筋　直哉（なかすじ　なおや）　〔第5章〕
　　現職　法政大学社会学部教授
　　主著　『群衆の居場所——都市騒乱の歴史社会学』新曜社, 2005年。「都市社会学のコミュニティ論——その論理と現代的課題」吉原直樹編『都市とモビリティーズ』ミネルヴァ書房, 2023年。

小山　弘美（こやま　ひろみ）　〔第6, 7章〕
　　現職　関東学院大学社会学部教授
　　主著　『自治と協働からみた現代コミュニティ論——世田谷区まちづくり活動の軌跡』晃洋書房, 2018年。「危機に対応するネットワーク型コミュニティ」祐成保志・武田俊輔編『コミュニティの社会学』有斐閣, 2023年。

三田　泰雅（みた　やすまさ）　〔第8章〕
　　現職　四日市大学総合政策学部教授
　　主著　『既婚女性の就業とネットワーク』（分担執筆）ミネルヴァ書房, 2009年。「親子の居住関係と接触頻度の変化」「家族意識の変化」石黒格編『変わりゆく日本人のネットワーク——ICT普及期における社会関係の変化』勁草書房, 2018年。

高木　竜輔（たかき　りょうすけ）　〔第9章〕
　現職　尚絅学院大学総合人間科学系社会部門准教授
　主著　『原発避難者の声を聞く――復興政策の何が問題か』（共著）岩波書店，2015年。『原発事故被災自治体の再生と苦悩――富岡町10年の記録』（共編）第一法規，2021年。

伊藤　泰郎（いとう　たいろう）　〔第10章〕
　現職　広島修道大学人文学部教授
　主著　『日本で働く――外国人労働者の視点から』（共編）松籟社，2021年。「地域に暮らす外国にルーツを持つ人々」北川由紀彦・玉野和志編『新訂 都市と地域の社会学』放送大学教育振興会，2024年。

北川　由紀彦（きたがわ　ゆきひこ）　〔第11章〕
　現職　放送大学教養学部教授
　主著　『移動と定住の社会学』（共著）放送大学教育振興会，2016年。「統制と不寛容の下で――都市の比較分析から」山口恵子・青木秀男編『グローバル化のなかの都市貧困――大都市におけるホームレスの国際比較』ミネルヴァ書房，2020年。

小山　雄一郎（こやま　ゆういちろう）　〔第12章〕
　現職　玉川大学リベラルアーツ学部教授
　主著　「東京大都市圏の鉄道交通ネットワークの展開」「つくばエクスプレスと埼玉県三郷市――『転換』の鍵となる来住層の諸相」後藤範章編著『鉄道は都市をどう変えるのか――交通インパクトの社会学』ミネルヴァ書房，2021年。「東京外環道の事例からみるPIと市民・住民参加」道路住民運動全国連絡会編著『道路の現在と未来――道路全国連四十五年史』緑風出版，2021年。

INFORMATION

●**本書の特徴**　福祉や子育て，教育という営みの場，災害や犯罪という「危険」に対処する場などとして，「地域」が見直されています。また，環境問題も地域での解決を要する問題といわれ，地方分権の流れのなかで，地域の自立と自治が重要視されてきています。

　一方，「地域」という言葉はいろいろな意味内容をもって使われ，きわめて多義的です。本書では，地域とそこでの生活の問題と意味を考えるために，まず「地域」とは何か，どうとらえたらよいかを明らかにし，そのうえで，地域社会の多様な側面を描き出します。

●**本書の構成**　第Ⅰ部「地域を考える」では，社会学が「地域」をどのようにとらえようとしてきたか，探究の歴史を振り返るとともに，地域をとらえる枠組み，視点を提示します。

　第Ⅱ部「地域を見る」では，地域生活の現状分析を踏まえながら，地域とそこでの生活の課題と意味を解明します。

●**イントロダクション**　各章の冒頭頁には，本文に導くリード文と写真を置き，章で扱うテーマの位置づけ，問題意識を示し，見取り図，イントロダクションとしました。

●**コラム**（*Column*）　研究の焦点，概念の説明，トピックスなどを本文と別枠のコラムにまとめました。

●**引用・参照文献**　本文執筆にあたって参照したり，本文中に文献注を付したりした文献は，章末に，引用・参照文献として掲載しました。

●**サマリー**　各章ごとに，章末に要約を掲載しました。

●**セミナー**　学習・研究のポイントを，課題提起のかたちで示しています。

●**読書案内**　さらに学習・研究する人のために，簡単な解説付きで参考文献を載せています。

●**索　引**　検索の便を図るために，基本用語・事項と人名につき，巻末に詳細な索引を付けました。

新・地域の社会学：目次

第Ⅰ部 地域を考える

第1章 〈地域〉へのアプローチ　3

1 混乱する〈地域〉のイメージ …………… 4
〈地域〉という言葉の多義性　4　〈地域〉という言葉の多重性　5　おぼろげに実感する〈地域〉の重要性　5　居住地としての地域　6　可視化する「地域」：まちづくり　6

2 〈地域〉への関与の縮小 …………… 8
生活圏の拡大　8　2つの実感の乖離　8　無用性実感の肥大化　9　都市的生活様式と地域　9　家族の構成的変化　10　家族と〈地域〉のつながりの変化　12

3 今，なぜ〈地域〉は重要なのか …………… 13
暮らしを支え合う地域の機能の変容　14　〈地域〉に対する関心の高まり　16　新しい〈地域〉イメージの構築に向けて　17

第2章 地域社会とは何だろう　23

1 日本の社会学と「地域社会」概念 …………… 24

自然村概念とその影響 24　パークの自然地区概念の輸入と適用 25　マッキーバーとヒラリーの業績の転用 27　現状分析概念と期待概念の並立：もう1つの混乱 30

2 地域社会の空間範域 …………………………………… 32
コミュニティと地域社会 32　旧来の背後仮説 32　新しい概念定立へ向けて 33　前社会的共同性と社会的共同性 34　地域空間の限定 35　鈴木栄太郎が描く三重の生活地区 36

3 新しい地域社会の概念 ………………………………… 38
地域社会概念の新たな規定 38　地域社会の重層的構成：地域空間の画定 41　地域空間別問題処理システム：地域社会における共同性 42

第3章　地域を枠づける制度と組織　47

1 制度と組織 ……………………………………………… 48
土台としての土地・空間 48　土地・空間に関与する主体 48　土地・空間への関与の仕方 49　制度と組織による統制 49　公的機関の支配的な影響力 50　人が生まれ育ち，死んでいく地域 51　下町の商店街や子どもをめぐる地域のつながり 52　地域をどう組織するか 54

2 国家と地方自治体 ……………………………………… 54
国家と地方自治体の地域への関わり 54　地方自治体と国家 56　あらためて，「地方自治は民主主義の学校」 58

3 学校と教育委員会 ……………………………………… 59
　人が生まれ，育つ場として　59　　文化イデオロギー装置としての学校　59　　教育行政と地域文化　60　　戦後改革という試み　60

4 市場と資本 ……………………………………………… 62
　地域の経済構造　62　　資本の種類と地域への関わり方　63　　製造業資本と労働力の再生産　64　　金融資本と建設業資本による開発と投機　65　　ローカルな資本とグローバルな資本　66

5 政治とマスメディア …………………………………… 67
　あらためて民主的な地方自治のために　67　　地方議会と地方政治　68　　世論形成と言論装置としてのマスメディア　68　　ローカルなメディアとナショナルなメディア　69

第4章　地域に生きる集団とネットワーク　73

1 人と地域の関わり ……………………………………… 74
　土台としての土地・空間　74　　定住と流動　74　　所有と利用　75　　集団的に地域と関わる個人　76

2 制度，組織との接点 …………………………………… 78
　個人，集団，組織，制度　78　　家庭，職場，近隣，社交　79　　制度によるつながり　80　　企業と行政のもつ力　82　　個人を支える家庭と地域　83

3 ネットワークの視点 …………………………………… 84
　ネットワークと集団　84　　ネットワークと地域　85　　ネットワークと階層　87　　選択する個人の主体性　88

4 人と制度をつなぐもの ……………………………… 89
制度がもつ隠然たる権力　89　　行政権力の相対化　90　　議会による政策決定　90　　挑戦するNPO　91　　アリーナとしての地域生活と地方自治体　91

第5章　地域が歴史を創り出す　歴史が地域を造り出す　95

1 地域の歴史を考える ……………………………… 96
社会が歴史を創り出す　96　　社会の歴史的起源を探り当てる　97　　社会と歴史の対抗的相補性　98

2 地域が歴史を創り出す次元の諸問題 …………… 98
歴史を創り出すことをめぐる諸問題　98　　私人が創り出す私的な歴史　99　　私史か公史か　102

3 聴き取り調査による戦略的着手 ……………… 103
語られる歴史　103　　個人化した社会における語りの問題　105

4 歴史が地域を造り出す次元をめぐる諸問題 ……… 106
社会学的方法の適用　106　　社会意識の歴史的発生　107　　基礎的社会集団の消長　108　　制度の社会的編成替え　109

5 調査研究の具体的な手続きと着手点 ………… 112
言葉からモノへと関心を広げる　112　　理論と方法の一貫した適用　113　　まず，地域を歩いてみる　114　　追補　115

第Ⅱ部　地域を見る

第6章　地域社会と町内会の変容　123

1 地域社会がもつ意味 …………………………… 124
　身近な地域社会との関わり　124　　求められてきたコミュニティ形成　124　　コロナ禍は地域社会のもつ意味を変えたか　126

2 地域社会の構造的変化による影響 …………… 127
　地域活動を支える人々の変化　127　　少子高齢化と世帯構成の変化　128

3 町内会の存在意義 ……………………………… 130
　町内会の数と加入率　130　　町内会の特徴　130　　町内会の成立　131　　全国に組織された町内会・部落会　132　　自治体を補完する役割　133　　自治組織としての役割　133

4 町内会存続の危機 ……………………………… 135
　加入率低下の問題　135　　コロナ禍による町内会への影響　136　　俎上に載せられる町内会解散問題　136　　町内会以外の地域活動　137

5 地域への新しい参加のスタイル ……………… 138
　アメリカにおける参加の低下　138　　新しい地域参加形態の模索　139

第7章　子ども・子育てと地域社会　　145

1　子どもを取り巻く状況の変化 ……………… 146
　子ども・子育てを取り巻く問題状況　146　　家族の戦後体制　147　　今後も進む子どもの減少　149

2　「子育ての共同」の時代 ……………… 150
　地域における母親たちの運動や活動　150　　子どもと地域コミュニティ　152

3　問題化する「子育て」 ……………… 155
　「子育て」という問題　155　　国による政策的対応の変遷　155　　実際の子育て施策　157

4　「協働による子育て」とその展開 ……………… 158
　協働による子育て支援　158　　「協働による子育て」の展開　160

第8章　生きづらさを抱える人々と地域　　165

1　生きづらさを抱える人々 ……………… 166
　生きづらさというキーワード　166　　「支える側」「支えられる側」の構造とその揺らぎ　167　　雇用の流動化　168　　家族の変化　169

2　地域社会と生きづらさ ……………… 172
　地域の弱まり　172　　「強い地域」の排除　174

3　生きづらさを抱える人々の包摂はいかにして可能か … 176
　サードプレイスの可能性と限界　176　　地域共生社会

178　誰もが生きづらさを緩和できる社会のために
179

第9章　防災と地域社会　183

1 **災害多発時代を生きる** ………………………… 184
　多発する激甚災害　184　　防災とは何か　184

2 **災害と防災** …………………………………… 186
　災害とハザード　186　　脆弱性と被害　186　　防災と減災　187

3 **防災と地域社会** ……………………………… 189
　災害に対する地域社会の脆弱性　189　　都市の脆弱性　190　　災害を語る単位　191　　地域防災計画　192　東京都の木密対策　193

4 **防災と地域コミュニティ** …………………… 194
　災害への地域コミュニティの対応　194　　地域コミュニティへの災害対応の期待　195　　防災コミュニティの困難　196

5 **災害多発時代の防災まちづくり** …………… 198
　自分の生活圏の地域社会を理解する　198　　共助の地域的最適解　199

第10章　外国人と地域コミュニティ　205

1 **外国人とともに暮らす** ……………………… 206

xiv

地域によって異なる外国人　206　　外国人の集住地へのまなざし　209

2　団地と外国人 ……………………………………… 210
芝園団地　210　　団地の参与観察　211　　「公営住宅」と外国人　213　　南米系外国人が多く住む団地で　214

3　移住者が作り上げてきた街 ……………………… 215
大久保・新大久保　215　　ニューカマーの来住　217
木造アパートと外国人　218　　2000年代以降の大久保　219

4　外国人の集住地をとらえる視点 ………………… 222

第11章　*都市下層と地域社会*　　227

1　地域社会に帰属できない人々 …………………… 228
ネットカフェで暮らす人々　228　　寄せ場労働者とは　229　　不安定居住を強いられるということ　230

2　都市下層の顕在化と社会問題化 ………………… 233
誰が野宿者となってきたのか　233　　福祉制度からの排除と寄せ場への吸引　235　　「ホームレス問題」の社会問題化　238

3　都市下層と地域社会 ……………………………… 240
各種対策による野宿者数の減少　240　　路上から地域へ　241　　路上にいる人々にどう向き合うか　242

第12章　交通と地域社会　247

1 交通と地域の相互関係 …………………………… 248
交通が地域にもたらすもの　248　　地域が左右する交通のあり方　249

2 長距離高速交通と地域社会 ………………………… 250
国土開発と長距離高速交通　250　　長距離高速交通の地域に対する効果　252　　ストロー効果による地域間格差の拡大　253

3 地域社会への交通インパクト ……………………… 254
都市圏鉄道ネットワークの社会的インパクト　254　　幹線鉄道の交通インパクト　256

4 地域生活のための交通 ……………………………… 257
地域交通における格差　257　　自家用車依存の問題点　259　　地域公共交通の確保・維持　260　　地域交通サービスと住民参加　261

索　引 …………………………………………………………… 267

Column 一覧

① 国勢調査と世帯（その1）………………………………… 11
② 国勢調査と世帯（その2）………………………………… 14
③ 地域特性の析出——社会地区分析（その1）………… 29
④ 地域特性の析出——社会地区分析（その2）………… 39
⑤ 鈴木栄太郎の「機関」という概念……………………… 52
⑥ 地方分権改革について…………………………………… 57
⑦ 空間論への注目…………………………………………… 77

⑧ 生活構造論と社会的ネットワーク論……………………87
⑨ 先駆者としての中野卓………………………………104
⑩ 地域の歴史の調査研究の例…………………………115
⑪ 町内会に加入していないのは誰か…………………139
⑫ 自由な遊び場をみんなでつくる……………………153
⑬ 区民版子ども・子育て会議！？……………………157
⑭ 社会における災害ボランティアの位置づけ………200
⑮ 交通開発と住民運動…………………………………262

第I部
地域を考える

第1章 〈地域〉へのアプローチ

小京都といわれる岐阜県高山市上三之町の町並み（PANA提供）

　〈地域〉をテーマとするテキストの多くは，〈地域〉の重要性を自明の前提として解説を進めている。しかし，日々の生活のなかでの実感に照らすならば，それは，必ずしも自明のことではなさそうである。たとえば，〈地域〉を意識する機会さえ，あまりないという現実がある。ゼミ参加の学生たちに，各人の主観としての〈地域〉空間の範囲をたずねてみると，その答えはじつに多様である。範囲など考えてみたこともないと答える者もいる。〈地域〉との関わりをたずねると，大多数の学生がコンビニの利用を挙げ，ごく少数の者が小・中学校の同級生とのつながりや祭りへの参加を挙げるにすぎない。

　本章では，〈地域〉を無用なものと感ずる日常の生活実感に素直に従いながら，それでもなぜ〈地域〉が重要なのか，この点を基本に立ち返って問い直し，あわせて，近年あらたに見直され，また付加されつつある〈地域〉の新しい重要性についても考えてみることにしたい。なお，〈地域〉という表記は，これを社会学的概念として明確化する第2章まで用いることとする。

1 混乱する〈地域〉のイメージ

〈地域〉という言葉の多義性

　〈地域〉を頭に据える言葉や，〈地域〉を含む言葉を，私たちは日常的によく耳にする。私たち自身もこれらの言葉を，案外よく使っていたりする。地域社会，地域生活，地域問題，地域住民，地域の教育力……，時には「うちらの地域では」などと言うおじさん，おばさんに出会ったりする。よく耳にし，またよく使う言葉であるということは，この〈地域〉という言葉が指示し，意味する事柄，つまり〈地域〉という言葉に含まれている意味内容が，日常生活を営むうえで無視できず，切り離すことのできないものであることを示している。〈地域〉は，日常生活において本当はかなり重要な意味をもつ言葉であるらしい。

　ところが，これらの言葉の内実を，使われた文脈のなかに位置づけて，多少とも厳密に理解しようとすると，意味内容の確定という作業は，たちまち壁にぶちあたってしまう。〈地域〉は，地域に住む人々という意味でも，その人々相互の結びつきという意味でも，地域と呼ばれる一定の空間という意味でも，その空間における施設やサービスの配置状況という意味でも，そしてそれらすべてを含む意味においても使われる日常用語となっている。日常用語としての〈地域〉という言葉のもつ特質の1つは，雑然とした意味内容をありのままに受け入れ，包容する「多義性」にあるといえよう。

〈地域〉という言葉の多重性

この特質に加えて、〈地域〉という言葉は、その指示する空間的範域が、これまたきわめて曖昧模糊としているという特質も兼ね備えている。それは、隣近所のきわめて狭い空間から、ご町内という空間を含み、はては市町村を越え、都道府県に相当する広大な空間に至る、これらすべての空間を内包する言葉として用いられる。

いっそうタチの悪いことは、話の文脈に合わせて〈地域〉の空間的範域も自在に縮小−拡大するだけでなく、聞き手もまた自分の理解に合わせて都合よく自在にこの空間的範域を縮小−拡大しうることであり、それでいて話し手も聞き手も何となく相互に了解しうるということである。〈地域〉という言葉は、「多義性」とともに、その空間的範域における「多重性」をも特質として含むという点で、人々の多様な実感を1つの言葉に表現しうる稀有な日常用語であるといえよう。

おぼろげに実感する〈地域〉の重要性

〈地域〉という言葉が、多義性と多重性をその身にまといながら、日常生活において頻繁に用いられているのはなぜだろうか。それは、この言葉が、日常生活に密着する言葉であり、日常生活のなかで高い頻度の使用を要請されるほどに生活に不可欠な言葉であり、人々の生活実感に根ざした言葉として用いられているためである。つまり、〈地域〉は、現実に人々の生活に密着する空間と社会を示す言葉であり、生活に不可欠な空間と社会を示す言葉であるといえよう。〈地域〉は、意味内容においてどれほど多義的に用いられ、空間範域においてどれほど多重的に用いられようと、居住地を含む空間と社会を指示するという点においては、一貫した用いられ方をされている。

〈地域〉が，居住地を中心として拡がる一定の範域の空間および社会を指示する言葉として人々に受け止められ，しかもこの空間と社会に，何らかの関わりをつねにもたざるをえないということを知っているからこそ，人々は〈地域〉の重要性をおぼろげにではあれ感じ取っているのである。

居住地としての地域

　働くこと，報酬を得ることを基軸として営まれる日常生活が，就労している者に限定されるのとは異なり，住むことを基軸として，あるいは原点として営まれる日常生活は，すべての居住者が経験しているものである。居住を軸とする日常生活は，居住を軸として拡がる空間と社会関係を舞台に展開されている。この空間と社会関係こそ，人々が語る〈地域〉にほかならない。人々が〈地域〉を何か重要なものととらえ，またそのように実感するのは，居住を軸とする日常生活が，居住を軸として拡がる空間と社会関係を土台として，すなわち〈地域〉を土台として営まれているからである。

　〈地域〉は，人々の日常生活にとって不可欠の舞台となっている。それゆえ〈地域〉という言葉は，このように高い頻度で語られ，何か重要なことを内包するものとみなされているのである。また，居住を軸に拡がる空間と社会関係とが，じつに多様な構成をとっているからこそ，〈地域〉という言葉も，多様な意味内容を包み込む言葉となったのである。

可視化する「地域」：まちづくり

　いわゆる小京都と称される地方小都市を訪れ，歴史的景観を今に残す町並みを前にして，心のやすらぎや一種の感慨を覚えた人は少なくないと思われる。印象に残る小さな城下町のなかの，幕藩期から続く商家や問屋が連なる町並みや，武家屋敷跡に残る外塀に沿って流れる小川や，街道すじに発達した旅籠と小売

店の連なる町並みなど，人によって好む眺めはさまざまであろう。また時には，長い年月をかけて維持されてきた景観を楽しみながら，「この町に住んでいる人たちは，それはそれとしてたいへんなんだろうなあ」と，ふと思ったりすることもある。古い町並みを観光客として眺めるだけでも，この古い景観を残すための，その町に居住する人々の努力は，どこでも相当のものに違いないと想像することはできる。景観として眼に見えるかたちで現れたとき，私たちは一定の空間にともに居住する人々の，共同の活動の成果を，ようやく知ることができる。景観の背後の〈地域〉の存在に気づかされる。町並みの保存や再生が〈地域〉と密接に結びつく事業であること，空間と社会関係の基礎的単位として〈地域〉が重要な機能を担っていることをあらためて認識するのである。

　城下町の時代から続く小都市のように，土着の自営業主が集住する〈地域〉では，居住を軸とする生活と，職業を軸とする生活とが重なっているために，職業における共同の問題（集客能力の向上，観光地としての再生など）がまっすぐに〈地域〉の共同の問題として認知されやすく，そのために住民の側からまちづくりを起こしやすいという条件に恵まれているといえるかもしれない。しかし，古い町ではしばしば変化を回避する伝統主義的価値志向が深く根を張っている。また，個々の商家の利害の調整も骨のおれることとなる。住民の共同の合意をとりつけ，まちづくりの共同のルールを形成し，個性あるまちづくりに至るには，たいへんな苦労のあることを見逃すことなく理解しておく必要がある。そのうえで，小京都の町並みに限らず，居住を軸として展開される生活には，どこでも共同で解決しなければならない共同の生活問題が存在することに注意を向けるようにしよう。

2 〈地域〉への関与の縮小

生活圏の拡大

ところで,人々の日常生活のもう1つの側面を見てみると,〈地域〉は明らかにその重要性を低下させている。大都市に居住する人々の行動の空間範囲は,〈地域〉という狭い範囲を大きく超え,また1日の生活時間配分も,〈地域〉のなかで過ごす時間を大幅に縮小させている。とりわけ10代後半から20代の若者にとって,あるいは多くのサラリーマンにとって〈地域〉は,寝に帰るための家のあるところという以上の意味をもたなくなっている。大都市ほど職場と住居の分離は大きい。このため職場にいる時間に加えて,通勤時間も長くなり,〈地域〉で過ごす時間のほとんどない人々は確実に増えている。休日でも〈地域〉外で余暇を楽しむ人が多い。人々がそれぞれに楽しみ,また意味を与えている活動を拾い出していくと,少しも〈地域〉が見えてこないという現実もまた,たしかに拡がっている。

2つの実感の乖離

人々の日常生活のなかで,〈地域〉に関わる機会が減少するに伴って,〈地域〉に対して抱いていた実感としての重要性もまた,しだいに薄らいでいく。未婚の青年男女の多くが,日々経験しているように,生活の空間的範域は,〈地域〉を超えて営まれ,1日の生活時間は,その多くが〈地域〉外で費やされる。〈地域〉の人々との交流も希薄化する。〈地域〉と関わりをもたない生活領域が拡大しつづけるとともに,実感としての〈地域〉はその重要性を低下させる。

人々は〈地域〉の重要性をおぼろげに実感しながら,同時に生

活のなかでの〈地域〉の手応えのなさも実感している。〈地域〉の重要性を実感する「私」,〈地域〉の無用性を実感する「私」という2つの「私」の共存と乖離,いまや,人々はこのような2つの「私」の乖離状態を違和感なく受け入れるようになっている。不思議なことでも,疑問なことでも,不自然なことでもない。自明なこと,あたりまえのこととして,つまり常識としてこの状態を受け入れられるようになっている。

無用性実感の肥大化　〈地域〉に関する2つの実感の乖離状態が常識化したといっても,2つの実感が等価なものとして人々に受け止められているわけではない。実感する重要性よりも,実感する無用性のほうがはるかに強く意識されている。アンバランスを含んだ乖離である。〈地域〉の重要性を実感する「私」の縮小と〈地域〉の無用性を実感する「私」の肥大化を伴う乖離である。

〈地域〉の無用性実感の肥大化は,住民の〈地域〉への関与の低下とストレートに結びつく。それは,都市への,あるいは大都市郊外への大量人口の流入と,匿名性空間の拡大という事態を起因としつつ,日常行動圏あるいは生活時間配分の比重が地域を超えた空間にますます偏っていくという事態に相応し,また〈地域〉における共同の生活問題の住民による共同処理の大幅な縮小という事態とも照応している。

都市的生活様式と地域　住民による共同処理の大幅な縮小という事態は,1つには,都市的生活様式の深化・拡大がもたらしたものである。都市的生活様式とは,居住地で発生する共同の生活問題を,行政や市場の提供する専門的サービスによって処理することが原則となるような生活の営み方を意味する。住民が高密度に集住する都市という居住地では,さまざ

第1章　〈地域〉へのアプローチ　9

まな生活上の共同の問題が発生する。

　飲料水を得ること，し尿を処理すること，生活を営むうえで処理しなければならないこれらの生活問題は，村落では各戸で自家処理することができた。しかし都市では各戸で処理することはできない，住民の共同の生活問題となる。このようにして，都市では村落とはくらべものにならないほどの大量の，多種多様な共同の生活問題が発生する。これらの問題の多くを都市では住民自身が共同で処理するのではなく，専門サービスを供給する巨大な処理システムにゆだねて処理している。住民の相互扶助による処理をできるだけ省略し，専門処理に高度に依存する生活を営むこと，これが都市的生活様式と表現されるものである。都市的生活様式の深化すなわち専門処理への高度な依存の進展，および都市的生活様式の拡大すなわち全国的伝播は，ともに〈地域〉の共同問題の，住民の相互扶助による処理，つまり住民による共同処理を大幅に縮小させる。専門処理が発達すればするほど，そしてこれへの依存が高まれば高まるほど，〈地域〉への住民の関与は，ますます縮小することになる。

家族の構成的変化　　住民による共同処理の大幅な縮小という事態は，いま1つの変化，すなわち日本の家族における構成的変化に伴って生じたものでもある。日本の家族は，1950年代後半から80年代前半にかけて，直系家族の制度的一形態としての「家」から，夫婦家族へとその構成を少しずつ変化させてきた。いわゆる核家族化といわれる変容である。もっとも80年代後半に入ると，核家族化は頭打ち状態になる。その後，核家族的世帯のなかの，いわば本流とも呼ぶべき「夫婦と未婚の子よりなる」世帯は減少傾向を示し，代わって，（高齢の）夫婦のみ世帯の増加によってかろうじて核家族的世帯全体の減少

Column ① 国勢調査と世帯（その1）

　日本の家族の，ことに家族人数や家族構成の全国的動向を知ろうとするとき，国勢調査結果の世帯に関するデータを手がかりとすることが多い。家族と世帯は，厳密には別物であるが，類似点も多く，しかも全国データの時系列的変化を見るには，国勢調査結果に頼るほかないからである。家族の社会学的定義は多様であり諸説あるが，世帯の定義は簡潔に統一されている。なぜなら，世帯は，国勢調査の調査単位とするために作られた行政用語だからである。

　日本の第1回国勢調査は1920（大正9）年に実施され，その後1945年を除き，5年おきに実施されている。現在の国勢調査と異なり，戦前の国勢調査は現在地主義で実施されていたため，実施時点に日本国内に在住するすべての人を，現にいる場所でとらえるには，調査単位を何にしたらよいか，第1回実施の2年ほど前から，内閣府内で検討が始まっていたようである。社会調査の多くは調査の単位を個人にしている。社会調査には，意識調査や意識に関する項目を含む調査など，個人を単位とするほかないものが多数含まれているからでもある。しかし，国勢調査となると話が違ってくる。全数調査であるから，単位を個人にすると，乳幼児にも一人ひとりの調査票を用意し，質問していかなければならない。そこで世帯を単位とすることにしたのである。

に歯止めがかかるという，家族構成上の新たな変化が生じてくる。この点を踏まえるならば，核家族化という表現自体，現在の日本の家族の動向を示す言葉としては，すでに死語に近い。

　ただし，住民による共同処理の縮小という事態は，1960年以降の，日本の高度経済成長と都市化の進展とともに進行してきた事態であるために，家族構成の変化のなかでも，とりわけ「家」から夫婦家族への変化，つまり核家族化と総称される80年代前半までの家族構成の変化と連動する事態と判断することができる。

第1章　〈地域〉へのアプローチ　　11

核家族化の進展とともに,「家」と〈地域〉とのつながり方もまた,大きく変化したからである。

> 家族と〈地域〉のつながりの変化

〈地域〉とのつながりの変化は,「家」という半開放的家族システムから,夫婦家族という閉鎖的家族システムへの変化に起因している。「家」と〈地域〉は,〈地域〉に存するさまざまな集団(とりあえず地域集団と呼んでおこう)に,「家」成員が,「家」のなかの位座(「家」のなかでの成員それぞれの地位)に応じて参加することを通して,眼に見えるかたちで結びついていた。たとえば,「家」の家長は,その地位を占める者だけが原則として参加を許容される集団に,「家」のアトトリの妻は,いわゆる「嫁」だけが集まる集団に,それぞれ参加することを通して,〈地域〉への結びつきをそれぞれに有していたのである。「家」成員それぞれが,それぞれの地域集団へ参加することによって,「家」と〈地域〉との結びつきは,具体化されていたといえよう。このことは,「家」が〈地域〉に対して一定程度開放的であったことを意味してもいる。地域集団の側から見れば,「家」成員の地位に応じた種々の集団を成立させることによって,村の共同問題を集団ごとに分担しつつ共同処理する仕組みを作りえたのである。「家」の半開放的システムと多様な地域集団の存在と共同問題の住民による共同処理とは,このように相互に連関し合っていたと考えることができる。

一方,夫婦家族は,夫婦と未婚の子のみから成立する。この家族は外社会に対してシェルター的機能を発揮し,家族成員のプライバシーを優先するために,〈地域〉に対して閉鎖的な小家族を形成する。このような閉じた小家族が大量に出現することは,産業化や都市化とあいまって,多様な地域集団の存立それ自体にと

って危機である。「家」を単位とし，それらとの結びつきによって成立していた〈地域〉と，「家」成員の参加によって支えられていた多様な地域集団とは，ともに大きく変わっていかざるをえない。核家族化は，夫婦家族のメンバーと地域集団とのつながりを衰弱させることを通して，家族と〈地域〉の結びつきを稀薄化し，住民による共同処理の大幅な縮小を導いたのである。夫婦家族の閉鎖的システムと，地域集団の衰退と，共同問題の住民による共同処理の縮小，それに代わる専門処理への高度依存とは，このように相互に連関し合う事態と考えることができる。

3 今，なぜ〈地域〉は重要なのか

　人々の生活行動が，〈地域〉を越えて拡大していること，都市的生活様式の深化・拡大あるいは家族の変化に伴って〈地域〉の共同問題を住民が自分たちで共同処理する機会が大幅に減少していること，前述のこのような事態だけが，〈地域〉の無用性を実感する〈私〉の肥大化に貢献したわけではない。これまで述べた事態は，〈地域〉に対する人々の関心や有効性感覚の衰退に，とりわけ大きな効果をもったと考えられるものだけである。小さな効果の累積もおそらく無視しえないであろう。

　たとえば，その1つとして職住分離を挙げることができる。職場と住居が遠く離れていれば，労働時間に加えて通勤時間も長くなる。住居とその周辺の空間に滞在する時間は短くなる。〈地域〉への関与も関心も弱まってゆく。

Column ② 国勢調査と世帯（その2）

　国勢調査の調査単位となった世帯という行政用語は，住所を共にし，家計を同じくする人々の集まりとされている。ところが，当時，これときわめてよく似た集まりを所帯と呼び，男女が同じ屋根の下で暮らし，家計をともにすることを，「所帯をもつ」といっていた。これにヒントを得た貧困所帯調査が，明治末から大正にかけて，大阪市と東京市の社会局によって実施されている。

　19世紀後半，イギリスではヴィクトリア朝時代の後期，小説の世界ではシャーロック・ホームズが活躍したとされるころ，C. ブースの調査など，貧困の実態を知るための初めての社会科学的調査が行われていた。横山源之助をはじめ，大阪市と東京市の社会局の担当者も，これらの仕事を早い時期に取り入れ，学んでいた。イギリスにおける貧困調査に刺激を受けて，日本でも貧困所帯を対象とした調査が，明治末から実施されるようになった。この調査では，家計の収支状況を客観的にとらえることが調査の柱の1つであったから，共に居住し，家計を共にする人々の集まり，すなわち所帯を対象とするのは当然のことといえた。国勢調査は，この所帯という言葉を援用したが，同じままでは貧困調査とまぎらわしく混同される懸念があったために，国勢調査を実施するための準備に熱心に取り組んだ統計学者たち，および1910年に設置された国勢調査準備委員会での検討をへて，世帯という新しい名称を作り出したと考えられる。

暮らしを支え合う地域の機能の変容

　もう1つだけ例を挙げておこう。人々の生活水準が上昇し，「中流」意識をもつ人々が大多数を占めるという事態も，間接的であれ，〈地域〉と人々とのつながりを稀薄化させることに貢献したと考えられる。仮に人々が貧しく，日々の暮らしにも事欠くことが多ければ，隣近所の助け合いは，個々の世帯の暮らし

を成り立たせるうえで、きわめて重要であったはずである。

　狭い町内に限定されているとはいえ、貧しい世帯同士の互助の必要性は、人々に確かな手ごたえをもって〈地域〉を実感させていたと思われる。しかし、それは、個々の世帯のプライバシーよりも、生き抜いていくための世帯間互助を優先させるほかなかったような暮らしのなかで実感されていた町内的〈地域〉であった。狭い町内のことであるから、もちろん、世帯間の社会的距離のとり方や、共同処理のルールや作法は、長い年月のなかで培われていたであろう。それらは、人口の高密度集住という環境のなかで生きていくための生活の知恵として、現代の都市生活においても意味をもつものも少なくないと思われる。

　たとえば1950（昭和25）年から51年にかけて、東京の下町と山の手の境界線上に位置するある町（仮名「山下町」と名づけられている）に居住したイギリス人研究者は、一人暮らしの下宿生活を送るなかで、隣人たちの親切な「おせっかい」に幾度となく助けられた経験を語っている。隣人たちの体に染みついた互助の働きが、都市に流入した若者の孤立と生活上の困難、さらには転落を防ぐことになっていると言うのである。近隣の互助関係が、若者の転落を防ぎ、さらには犯罪の発生をも防ぐような機能を有すること、この点を発見した学術的意義は大きいと思われる（Dore 1958＝1962）。

　しかし、高度経済成長期に入るとともに、人々の生活水準も徐徐に上昇し始める。このことは、貧しさに支えられた町内的〈地域〉のあり方をしばしば大きく変えてしまうことになった。日常的に助け合わなくとも、暮らしていけるようになったからである。金さえあれば、各世帯は、おのおの個別に、モノを購入しサービスを享受することができる。町内の世帯は、相互に依存し合う必

要を失うのである。戦後の高度経済成長がもたらした人々の生活水準の上昇は，町内的〈地域〉の有する生活互助機能の衰退を導くこととなった。

〈地域〉に対する関心の高まり

さまざまな要因の連関と積み重ねが，人々の実感しうる〈地域〉を大幅に縮小させ，さらに，〈地域〉という言葉の多義性と指示する空間の多重性とがあいまって，〈地域〉は，ますますよくわからないものになっている。にもかかわらず，依然として〈地域〉への言及は多い。むしろ，近年，増加傾向にある。〈地域〉の意味内容は曖昧なままに，〈地域〉への関心と〈地域〉の重要性に対する認識は，とみに高まっているとさえいいうる。

たしかに，〈地域〉は，まずなによりも人々の居住地であり，この居住地を中心として拡がる一定の空間と社会であり，それゆえに，どのような人も，居住に関わる生活を営まざるをえず，人々にとって必要不可欠な社会的空間であるという点に，その基本的重要性を有する。また，したがって，人々が特定の社会的空間に居住すること，すなわち，特定の〈地域〉に存在することが，人々の意識と行動にどのような影響を与えるのか，あるいは，どのような人々の居住が，その居住地にどのような影響を与えるのか，これらを社会科学の武器を用いて説明すること，このことが，都市社会学および地域社会学の基本的使命となっている。

しかし，近年の〈地域〉への認識の変化は，このような〈地域〉の基本的重要性を踏まえたうえで，グローバル化の進展，大量生産・大量廃棄型産業の行き詰まり，環境問題への関心の増大，近代政治システムの限界等，近代社会システム全体の改革の必要という直面する大きな問題が，じつは，〈地域〉の再生ないし活性化，換言するならば，居住地を中心とする「共」の再構築抜き

に解決しえないという新しい自覚に由来するという点で，新しい変化といいうるものである。すなわち，近代社会システムの改革は，このシステムの基盤をなす〈地域〉の改革を抜きにしてはありえないこと，あるいは，〈地域〉の改革をテコに近代社会システムの揺らぎを拡大しつつ，より大きな改革へ結びつけていくこと，このような自覚に立脚した，〈地域〉の重要性の再発見なのである。

新しい〈地域〉イメージの構築に向けて

グローバル化の進展は，その負の側面として，社会的不平等の拡大をもたらす。たとえば，収入格差の拡大，エスニシティの多様化に伴う処遇格差の拡大などである。これらの具体的事例は，〈地域〉のなかで，すなわち階層やエスニシティによる居住地の棲み分けの進展や，居住地における紛争の増加として表出する。グローバル化の1つの帰結が〈地域〉の変動にあることは疑いようがない。環境問題の多くもまた，〈地域〉に密接に関わっている。環境問題の被害の発生は，その多くが〈地域〉限定的であり，被害者の救済の方法もまた〈地域〉に拘束される。一方，エコ・システムの形成，地域通貨などの新しい試みから，高齢者・障害者への介護・支援システムの形成，子育ての支援ネットワークづくりなどの30年も前から言われ続けている事柄も含め，これらが結局はすべて〈地域〉における新しいシステムづくりをカギとしていることが理解されよう。

人々の生活行動や生活圏，あるいは人々の生活価値観に依拠した旧来の〈地域〉のイメージでは，今，必要とされている，このようなさまざまな新しいシステムづくりに，もはや対応できない。社会的不平等の縮小にせよ，環境問題の解決にせよ，さまざまな支援システムの形成にせよ，いずれも〈地域〉の政治と行政に関

わる事柄であり，かつ，行政という専門処理にすべてをゆだねるわけにはいかない事柄である。

　すなわち〈地域〉は，第1に，〈地域〉政治や〈地域〉への行政サービスに拮抗しつつ協働する〈住民〉自治の基盤をなす社会的空間として見直さなければならない。第2に，近代社会システムの限界が，直接的かつ具体的には専門処理システムの限界として現れている以上，〈地域〉レベルの専門処理システムの改革を通して，住民による共同処理の営みをさまざまなサブシステム形成のなかに埋め込むことが必要であり，限定された規模での新しい社会システム形成の空間的基盤としてとらえ直さなければならない。

　第3に，そうであるからには，〈地域〉の空間的範域は，政治・行政との対応において，また住民自治の拡大，限定された規模での処理システムの改革等々，新しい社会システム形成の空間的基盤に対応するものとして，明確に位置づけられなければならない。

　このような新しい〈地域〉のイメージ，すなわち近代社会システムの限界を突破する新しい社会システム形成と住民自治の拠点としての〈地域〉イメージこそ，今，求められているものである。

　　Dore, R. P., 1958, *City Life in Japan*, Routledge.（= 1962，青井和夫・塚本哲人訳『都市の日本人』岩波書店）

Summary サマリー

　本章では、まず、〈地域〉という言葉が多義性と多重性という2つの特質をもつ言葉であることにふれ、日常的によく使用される言葉であるがゆえに、このような特質をもつことを示唆した。そのうえで〈地域〉の基本的重要性を、〈地域〉が居住地を中心に拡がる空間－社会である点に求めた。居住を契機として、人々は誰もが一定の関係と一定の行動範域を日常的に形成せざるをえず、〈地域〉という空間と社会を日常生活の基盤とせざるをえないからである。この点にこそ、〈地域〉の基本的重要性がある。

　しかし、人々の生活行動圏の拡大、都市的生活様式の深化、家族構成の変化、職住分離の進展、生活水準の上昇は、一見すると、〈地域〉とは無縁の諸関係と生活時間を拡大し、〈地域〉の無用性実感を高めている。最も大きな問題は、〈地域〉の諸問題を、行政に依存して解決・処理することを当然とみなすような社会意識が一般化していることである。すなわち〈地域〉における自治能力の低下である。ところが、経済のグローバル化に伴う新しい問題の発生にしても、環境問題にしても、その解決の担い手を〈地域〉の住民の協働の力に求めることが多くなっている。このミスマッチの解消こそ、緊急な対処を必要とする現代的課題といえよう。

　本章は、〈地域〉が基本的には、個人の居住地を中心に拡がる空間－社会であることを、まず認めることから説明を始めている。しかし、これらの新しい問題に対処するには、〈地域〉をそれぞれの個人を中心として拡がるさまざまな領域と内実をもつ空間、まさしく多義的で多層的な空間としてそのまま指定しておくわけにはいかない。行政に対応する自治の拠点として何らかの空間範域を画定する必要が生まれてくるのである。

SEMINAR セミナー

1. ふだん使っている言葉のなかから,〈地域〉がつくものを並べ,それぞれの言葉の意味内容と空間的範囲を考えてみよう。
2. 〈地域〉の重要性と無用性がともに実感されるのは,なぜなのだろうか。議論してみよう。
3. 〈地域〉の無用性を実感する人々が増えたのは,生活行動圏の拡がり,都市的生活様式の深化・拡大,核家族化,生活水準の上昇以外にどのような理由が考えられるか,議論してみよう。
4. 典型的な農村での生活上の共同問題と大都市での生活上の共同問題が,どのように異なっているのか,考えてみよう。
5. 経済のグローバル化が進むと,それに伴って地域の重要性が増すのはなぜなのだろうか。考えてみよう。

読書案内

1990年以降,日本でも社会学の良いテキストが刊行されるようになった。しかし,それ以前は,社会学の初心者向けのテキストとしてお勧めできるものといえば,その多くは,アメリカの社会学者がアメリカの学生向けに書いたテキストであった。これらのテキストを開くと,地域社会(community)というタイトルの章のあるものが,案外と少ないことに気づく。地域社会にかわって,必ず登場するのが,都市ないし都市社会という章である。地域社会という言葉は,日本の社会学の伝統のなかで,当初は農村の「ムラ」を意識する言葉として語られ,のちには農村と都市の一定区域をともに指示できる便利な言葉として,重宝されるようになったようである。したがって,日本の社会学に固有な「伝統」に従うならば,第1章に対応する参考文献は,農村社会学の最良の成果物から都市社会学のそれをも含む膨大な著作を列挙するものになってしまっても不思議ではない。逆にいうと,本章(および第2章)は,そのような成果を踏まえて書かれているも

のともいえる。しかし，大量の文献リストを提示することは，このテキストの各章において参考文献をあげる意図とは大きくずれることになる。そこで筆者は，地域の社会学を学ぶ初心者に対して日本の社会学の実証的研究の古典のなかから，読んでおくべきだと思う著作を選ぶことにした。それが最良の手引きとなると思うからである。以下に挙げる 3 冊を読まなくても，図書館でぜひ 1 度は，手にとってながめてほしいと思う。

鈴木栄太郎『日本農村社会学原理』日本評論社，1940（鈴木栄太郎著作集Ⅰ，Ⅱ，未來社所収）
　日本農村の基本的地域社会単位を自然村（幕藩期の行政村）として析出し，ここに社会学の研究対象を見出した日本農村社会学の古典。自然村における集団・社会関係の累積とムラの共同の社会意識（村の精神）の存在に注目し，村の精神が自然村における個々の社会過程のすみずみにまで浸透し，制御する様相を見事に描いている。

鈴木栄太郎『都市社会学原理〔増補版〕』有斐閣，1965（鈴木栄太郎著作集Ⅵ，未來社所収）
　シカゴ学派が人口量・人口密度・人口の異質性によって都市という集落を規定したのに対し，はじめて都市を結節機関の集積地としてとらえ，さらに結節機関の集落間の交流を重視して，機関と機関，機関と人との交流に関する実証研究の成果を示した。また，正常人口の正常生活，都市の社会構造や生活構造に関する独自の理論を展開している。

有賀喜左衛門『日本家族制度と小作制度』河出書房，1943（有賀喜左衛門著作集Ⅰ，Ⅱ，未來社所収）
　九州から東北にいたる日本の各地の村落を対象とする事例調査を積み重ね，その比較検討を通して「家」と「同族」に関する概念枠組みを整備し，それを活用して家制度に規定された日本の小作制度を解明した古典的名著である。

森岡清志◆

第2章 地域社会とは何だろう

市民会館大ホールで開かれた兵庫県加西市の臨時市議会。客席は800人の傍聴者でうまった。(2007年5月13日。毎日新聞社提供)

〈地域〉は,多義的な言葉である。けれども居住地を中心に拡がる一定範域の空間とその内に成立する社会システムを意味する点では変わりがない。この一定範域の空間のうちに成立する社会システムを,社会学では「地域社会」と呼んでいる。ところが一部の社会学者は,この空間内に人々の関係が集積しているにちがいないという思いを抱き続けてきた。また関係の集積に基づいて,他と区別しうる空間範囲が自然のうちに形成されているにちがいないという見込みにもこだわり続けてきた。そのために「地域社会」の概念は,実態との乖離のはなはだしいものになってしまった。現実の地域社会を分析する概念としても役に立たないものになっている。

本章の目的は,〈地域〉あるいは「地域社会」という言葉を社会学の専門用語として簡潔かつ明確に定義づけ,その意味内容を確定することにある。日常用語としての〈地域〉が多義性と多重性を内包していたのと同じく,社会学の専門用語もまた,長くそうであった。専門用語としての確定作業の準備として,なぜ混乱が長く続いていたのか,その理由を探ることから始めてみよう。

1 日本の社会学と「地域社会」概念

〈地域〉に関する言説を混乱に導いた責任の一端は，社会学者も担うべきものである。〈地域〉への社会学的幻想と現実との乖離に悩まされてきた社会学者は数多い。もっとも，社会学者は通常，〈地域〉とは呼ばず，ほぼ同じ意味で，つまり居住を軸として拡がる一定範囲内の空間と社会関係を指示して，これを「地域社会」と呼んできた。本書でも，この社会学における慣用化された表現にならい，この節以降は，これまで用いてきた〈地域〉にかえて「地域社会」と表現していくことにしよう。

自然村概念とその影響 日本の農村社会学は，戦前から戦後にかけて世界に誇りうる成果をあげている。その1つ，鈴木栄太郎の「自然村」概念は，近年に至るまで社会学における地域社会概念に，少なからぬ影響を与え続けてきた。鈴木栄太郎は，『日本農村社会学原理』(1940年)において，日本農村の基礎的地域社会を地域的に画定し，また，そこでの社会構造の分析に関する指針を作り出す作業を，実証的な確認の積み重ねとともに行っている。このなかで，第二社会地区と名づけた地域空間に，社会集団，個人間の社会関係の地域的累積がとくに濃密であることを見出し，しかもこの第二社会地区の多くが，幕藩体制期には行政村であったことを示したのである。江戸期には行政村であったが，明治期に実施された市町村制施行以降は新しい行政村に包含されて行政村ではなくなった地域空間，つまり旧村としての空間が，基礎的地域社会の単位として機能していることを示し，これを「自然村＝ムラ」と名づけた。

自然村という名称は，幕藩期に長期にわたって地域的行政的境界が厳しく定められ，そのために人々の社会関係も，集団もそのなかで閉鎖的に累積するほかなく，この旧村，すなわちかつての行政村としての境界が，自然なムラの境界に転じてしまっていることに着目してつけられたものである。

　この自然村概念には，行政村から自然村への転化という興味深い論理が秘められていたが，のちの社会学者の注目は，むしろ自然村内部での社会関係と集団の累積，それを支える住民の共同の社会意識の存在に向けられることになった。そして，自然村こそ，日本の社会学者が実証研究の対象とすべき日本農村の基礎的社会であるという鈴木栄太郎の主張は，日本の都市を対象とする社会学的研究にも影響を与えた。都市社会においても自然村に類似した基礎的地域社会を見出し，これを実証研究の対象としなければならないという暗黙の了解を作り出したのである。その結果，都市の地域社会であっても，概念としては，第1に人々の社会関係の累積が見出され，他と区別しうるような自然な境界が実証的に確認されること，第2にこの空間の内部において人々の共同の社会意識（共属感情や共同の規範など）が存すること，という2つの基準が強調されることとなった。日本の社会学は，地域社会を，人々が日常的に作りあう社会関係の集積する地域空間として，またこの自然のうちに形成された関係累積の境界が空間としても実証的に確認されるものとしてとらえてきたのである。このために，鈴木栄太郎が最初に着目した行政的区域との関連は軽視され続けることになった。

| パークの自然地区概念の輸入と適用 |

　日本の社会学における地域社会概念は，かつては実体としてとらえることのできた伝統的共同体の都市的に変形したあり

第2章　地域社会とは何だろう　25

ようを,あるいはなお残っているはずの共同体としての基本枠組みを実体としてとらえようとするものであったから,都市化の進展とともに,現実の地域社会との乖離の幅は,ますます大きなものとなっていった。それでもこの概念が生き続けたのは,海外の著名な諸家の説を導入しながら,それらを概念存続の糧として利用してきたためである。

　たとえば,R. E. パークの自然地区(natural area)という概念における自然という形容詞の用い方は,鈴木栄太郎のいう自然村の自然の意味内容とは,まったく異なるにもかかわらず,パークの自然地区を自然村に引きつける解釈が流布されてきた。鈴木栄太郎の自然村は,幕藩期の行政村からの転化であり,長期にわたり存続した行政的区域が今では自然にできあがった境界として住民に受け止められているという歴史的経過を前提とする概念である。一方,パークの自然地区は,歴史的伝統のまったくない新興都市への,大量人口の移住の過程が,人工的介入のない荒々しいまでに自然な過程であることを踏まえたうえで,この文字どおりに自然な過程の所産としての棲み分けられた居住地を意味する概念である(パーク 1986)。封建領主による町割もなく,近代都市行政による都市計画もなく,およそ都市づくりに関するどのような作為もないなかで,まさしく自然状態に近似する環境のなかで,競争を経て植物の適地への棲み分けが実現するのと同様に形成される居住地,これがパークのいう自然地区である。自然村と自然地区では,自然の意味内容がまったく異なることが明らかである。

　この自然地区の概念は,20世紀初頭のアメリカ新興都市内部の地域社会,とりわけ大量の移民を受け入れつつ急成長する新興都市の内部の,都心に隣接する遷移地帯と呼ばれる一帯に点在する地域社会と見事に照応する概念であった。一方,日本の都市は,

城下町，門前町，宿場町など，長い歴史をかけて成立してきた伝統的都市が数多くを占める。そのような日本の都市内部の地域社会にパークの自然地区概念を安易に適用するのは相当に無理があろう。にもかかわらず，地域社会における関係の累積と地域社会の境界が自然な過程で出現してきたはずであるという仮説的前提に支えられ，パークの自然地区概念における自然の意味内容を曲げてまでも，自然村概念に引きつけた解釈がまかり通ってきたのである。この曲解のなかで，パークのいう自然が，棲み分けのための激しい競争を含む原始的自然状態に近い意味内容であることも，当然のことながらほとんど無視されてきた。

マッキーバーとヒラリーの業績の転用

日本の社会学における地域社会概念の仮説的前提を補強する試みは，マッキーバーのコミュニティ概念の理解においても，ヒラリーの研究成果の理解においても見られるものである。マッキーバーはコミュニティを，アソシエーションと対比させつつ，共同生活が営まれる地域空間と規定している（MacIver 1917=1975）。一方，アソシエーションは人々が共通の関心を満たすために作る組織を意味する。マッキーバーのいうコミュニティは，社会的共同生活の営まれる空間としての地域社会あるいは集落（村や町や都市）に近い概念と考えることができる。この集落のなかで，あるいは集落を超えて，関心を共有する人々のさまざまな集まり，つまりアソシエーションが作られる。

問題となるのは，マッキーバーのコミュニティ（地域社会ないし集落）における共同生活の意味内容である。マッキーバーは，それぞれのコミュニティのなかでそれぞれに特色をもつ共同生活が営まれることを強調し，それによってコミュニティはコミュニティの成員たちによって意味づけられる空間的境界を有するよう

になること，またそれぞれのコミュニティが固有の規範，マナーや文化を有するためにコミュニティ成員は他のコミュニティ成員とは相互に異なるような特性を身に帯びることなどを指摘している。

　マッキーバーは，コミュニティを地域空間と規定しながらも，論述のなかでは，それは小さな地域社会から都市や国家をも含む広がりをもつ多層な，かつ多様な地域空間として描かれている。また，コミュニティの共同生活から生み出される地域空間の境界や成員の特徴に関する叙述も，かなりラフなとらえ方に基づいている。東京の人と大阪の人の違いを生み出す，東京というコミュニティと大阪というコミュニティの違いという程度の，大雑把なとらえ方なのである。マッキーバーの著作を素直に読んでいくと，コミュニティを狭い地域空間に限定してとらえていたわけではないこと，コミュニティの共同性についても大都市社会全体の共同性をも含むような，柔軟なとらえ方をしていたことがわかる。日本の社会学は既成概念の仮説的前提にひきずられて，マッキーバーのコミュニティ規定に関わる箇所のみを取り出し，文字どおりに，あるいはそれ以上に狭く固く限定してコミュニティの共同性を理解し，仮説的前提を補強する材料の1つとしてきた。また，このマッキーバーのコミュニティ概念とは相当に異なるパークのコミュニティ概念や鈴木栄太郎の前社会的統一という用語の重要性（人々が自覚的に生活共同をつくる前の，居住すること自体が生み出す共同性の側面）などは，長く無視されることになった。

　地域社会に関するテキストへの引用例の最も多い海外の学者は，G. A. ヒラリーであろう。ヒラリーのいうコミュニティは，地域社会とほぼ同義であるが，研究者諸家による94のコミュニティの定義を比較検討し，そのなかから大多数の定義に共通する指標

Column ③ 地域特性の析出——社会地区分析 (その1)

1955年、E. シェヴキイとW. ベルは、ロサンジェルスを対象に社会地区分析 (social area analysis) を試み、その成果を一冊の書物にして刊行した (Shevky and Bell 1955)。これが社会地区分析の始まりである。社会地区は、アメリカにおいて国勢調査結果の表象単位となっている統計区と空間範囲は同一である。国勢調査の結果から、住民の社会的特性を統計区単位ごとに明らかにしていくこと、これが社会地区分析といわれるものである。社会地区とは、住民の社会的特性によって描き分けられた統計区のことである。

シェヴキイとベルは、テクノロジーの進展に伴う都市社会構造の変化が、居住者の構成に変化をもたらし、都市空間に変容をもたらすと考えた。そして、この変容を3つの特性によって、すなわち社会階層的特性、家族的特性、人種・民族的特性によってとらえようとした。社会階層的特性は、職業的地位、教育年数 (学歴)、収入という3つの国勢調査データ＝指標から構成される。家族的特性 (のちに彼らは都市化特性と言い換えるが) は、女性の就業率、幼少人口率、一戸建住宅率という3つのデータ＝指標から構成される。人種・民族的特性は、非白人率によって示される。もちろんデータはすべて、統計区ごとの国勢調査データである。

社会階層的特性を構成する3指標は、それぞれ高いほど高い得点を与えられ、合計得点が0～100点の範囲に分布するよう操作される。全統計区に社会階層的特性の統計区別得点が与えられる。家族的特性 (都市化特性) の得点の与え方は、たいへん興味深いものである。女性の就業率が高いほど高得点を、幼少人口率が低いほど高得点を、一戸建住宅率が低いほど高得点とする (逆にいえば、女性の就業率が低く、幼少人口率が高く、一戸建住宅率が高ければ、より低い得点になる) ような操作を行い、家族的特性に関して、すべての統計区に、これまた0～100点の得点を与えたのである。つまり働いている女性が多く、子どもの数が少なく、集合住宅の多い統計区に高得点が与えられ、逆に、働いている女性が少なく、子どもの数が多く、一戸建住宅の多い統計区に低い得点が与えられることになる。かれらは、前者の統計区を都市化の進んだ地区、後者を都

市化の進んでいない地区と考えた。人種・民族的特性は単純である。非白人率によって白人優位の統計区とそうでない統計区に2分割するだけである。

シェヴキイとベルは，統計区に与えられた社会階層の得点と家族的特性の得点をそれぞれ3分割して9種のタイプに分け，さらに非白人率によって2分割して，合計18種類の地域特性のタイプを作り出した。このタイプによって特色づけられた統計区を，社会地区と呼んだのである。

～～～～～～～～～～～～～～～～～～～～～～～～～～～

を拾い上げたという点で，テキストで紹介しやすい内容のものとなっていた。3つの指標とは，次のようなものである。1つは，コミュニティを構成する成員間の相互作用の存在，2つは，コミュニティごとの空間境界の存在，3つは，成員の心理的絆を支える共属感情や共通規範の存在である（Hillery 1955）。なお，2番目のコミュニティ空間の地域的限定性に関する指標のみは，ほとんどすべての定義に見られたものとされている。このヒラリーが挙げた3指標は，社会関係の一定の地域空間内における集積とそれを支える共通規範の存在を地域社会概念の必須要件と見る日本の社会学者にとっては，セットとして理解され，自らの正しさを保証する格好の研究成果と受け止められた。このために，ヒラリーの3指標セットはしばしば紹介され援用されることになる。

> 現状分析概念と期待概念の並立：もう1つの混乱

地域社会概念の混乱に拍車をかけたもう1つの要因として，コミュニティ論がもたらした影響を挙げることができる。日本の社会学に独自のコミュニティ論の発端は1969年の国民生活審議会コミュニティ小委員会『コミュニティ――生活の場における人間の回復』に求められるが，この小委員会の報告書をきっか

けとして,大都市における地域社会の機能衰退を回復するためのコミュニティ形成が論じられるようになった。つまりコミュニティとは,現状の地域社会の状態を意味するものではなく,ましてマッキーバーのコミュニティ概念に相当するものでもなく,そもそも大都市における未来の望ましい地域社会のあり方を意味する用語として採用されたのである。

しかし,地域社会と区別して,カタカナでコミュニティと表記し,このコミュニティを,望ましい地域社会を意味する期待概念として定立していこうとする提案は,当初は,それほど広く受け入れられなかったようである。ヒラリーやマッキーバーにみるように,あるいは日常の英会話に表現されるように,すでになじんだ言い方として,コミュニティは,現状の地域社会と同じ意味に用いられ続けた。社会学者でさえ,コミュニティと地域社会を同義としてとらえ続ける者は,相当数,存在したのである。このことが地域社会概念のいっそうの混乱を招くこととなった。コミュニティ論自体が地域社会概念を混乱に導いたのではなく,コミュニティ概念をめぐる理解の不一致が地域社会に関する諸言説の戦国状態を生み出したといえよう。

ここでは,コミュニティ概念が期待概念として定立していること,他方,地域社会概念は現状把握のための分析概念として定立していること,この違いをまずは明確にしておく必要がある。両概念の相違を明確にしてこなかったことが,混乱の1つの源となってきたからである。

2 地域社会の空間範域

> コミュニティと
> 地域社会

コミュニティは，望ましい地域社会に関する概念であり，目標としての地域社会ないし未来の地域社会を論ずるために必要とされる期待概念である。期待概念であるからこそ，コミュニティ形成論が成立するわけである。

一方，地域社会概念は，過去から現在に至る地域社会の状態の推移および現在の地域社会の状態を実証的にとらえるために必要とされる分析概念と位置づけることができる。どのような地域空間を対象とし，その空間内に成立する社会関係のどのような側面に注目するのか，この点に指針を与えるために定立される概念である。

このように，この両概念は別個に定立されるけれども，同時に深く関連しあう概念でもある。なぜなら，コミュニティ概念は，地域社会概念に基づく現状分析を抜きに具体性をもつ展望を切り開くことができず，他方，地域社会概念はコミュニティ概念の描く未来を念頭に置くことなしに，分析から見出される知見に意味を与えることができないからである。

> 旧来の背後仮説

既成の地域社会概念が地域社会の現実との乖離を広げ，また概念の理解をめぐる混乱を深めていったのは，社会学者の多くがこの概念の背後仮説にさまざまな思いを託していたからでもある。それは，自然村に類似する地域社会を都市のなかにも見出したいという願望，社会関係の自然な累積とそれに基づく地域空間の自然な設定が見られ

ることへの期待，地域社会は，住民の自発的に形成するつながりを基盤として構成されるものでなければならないという信念，住民の共属感情や共同規範の存在を地域社会概念の要件に含めてきた先行研究からの影響や拘束等々である。

　これらの既成の概念を支えてきた背後仮説は，都市化の急速な進展を見るまでは，たしかに現実との照応が一定程度可能であったという点で，ある種の有効性を保有していた。しかし，高度経済成長期に，日本の各地の都市で，とりわけ大都市の内部でその照応関係の多くは失われていった。そして現在では，地域社会の現実の分析にとって，既成の概念を支えた背後仮説自体，まったく不適合なものになってしまっている。

新しい概念定立へ向けて

　現実との乖離が拡大していくなかで，なぜ社会学者の多くは，これらの背後仮説にこだわってきたのか，地域社会概念の再考と再編がなぜ遅れたのか，その理由をいまは問わない。いま必要なことは，背後仮説とそれに支えられてきた既成の地域社会概念を根底的に見直すことである。混乱の歴史から私たちが学び取るのは，まさしくこの点であるだろう。

　具体的には，地域社会を社会関係の集積する空間とみなすこと，あるいは自然な境界設定の存在を自明な事柄とすること，またヒラリーの検出した3つの指標のすべてを地域社会概念にとって必要な要件と措定すること，このようなこだわりをいったん放棄することが必要である。自然な関係形成，自然な境界設定，住民同士の心理的なつながり等の諸点を地域社会概念から追放することが現実との乖離をうめるために必要な作業であることを，混乱の歴史は教えている。

　既成の概念がこれまで軽視してきた視点や知見を見直し，これ

第2章　地域社会とは何だろう

らを読み直す作業を進めることも必要である。たとえば鈴木栄太郎が前社会的統一という言葉によって，あるいはパークがコミュニティと称することによって指示した地域社会の共同状態を検討してみること，ヒラリーの3指標のなかでの第2の指標，すなわち地域社会の空間的限定性というこの指標のみが，最も広く採用された指標であるというヒラリー自身の知見を再評価すること，また鈴木栄太郎の行政村から自然村への転化という視点の重要性を検討してみることなどである。

前社会的共同性と社会的共同性

鈴木栄太郎のいう前社会的統一も，パークのいうコミュニティも，ともに広い意味での共同性を含意するものである。しかし，それは居住者同士の相互作用の展開に基づいて，一定空間における共同生活の約束事やルール，共通の社会規範が形成されていくような，一般的によくいわれるような共同性を指示するものではなく，そのような共同性が作り出される以前に存在する共同性を意味するものである。鈴木栄太郎とパークが，ともに含意した共同性とは，一定の地域空間のなかでともに住まうこと，そのこと自体が地域空間における生態学的環境を資源として共同に利用しあうことを必然的に伴っていること，資源の共同利用によって生じる共同（パーク）ないし秩序（鈴木栄太郎）抜きに居住もありえないこと，すなわち居住自体が他の居住者との意図せざる共同，見えない秩序の成立を前提としていること，そのような意味における共同性である。

パークはこのレベルの共同的関係にある地域空間を，ソサエティ（社会）と区別し社会（ソサエティ）成立以前の共同状態として，コミュニティと呼ぶ。この点は，鈴木栄太郎の前社会的統一とほぼ同義とみなしてよい。この共同性は，簡潔に，共棲的共同性あ

るいは前社会的共同性と言いうるであろう。

　要するに，鈴木栄太郎もパークも，共同性を，前社会状態における共同性と社会（ソサエティ）状態における共同性の2つのタイプに分けて考えていたのである。前者を前社会的共同性，後者を社会的共同性と呼ぶならば，既成の地域社会概念がこだわった共同性は，明らかに，後者の社会的共同性であった。しかし地域社会概念に含む共同性を，このような社会的共同性に狭く限定しておいてよいのだろうか。この章では現実の地域社会を直視し，これまでの願望や期待やこだわりから抜け出して，地域社会における資源利用を媒介として成立する共同性，すなわち前社会的共同性にも注目してゆきたいと思う。

地域空間の限定

　鈴木栄太郎の行政村から自然村への転化という視点，あるいは，ヒラリーの検出したコミュニティの第2指標，これらは既成の概念が軽視してきた行政的範域の意味を再考し，地域社会の空間的範域を明確に画定することを促す。既成の概念は社会関係の累積や共同規範の存在に伴って自然に形成される地域空間の境界を夢想してきた。しかし現代都市の居住者の生活世界は一定の地域空間をはるかに超えて成立している。また居住者間の相互扶助活動や共同の活動を眼にすることも少なくなっている。都市的生活様式，つまり専門処理システムへの依存が深まり広がるとともに，住民の共同による問題処理の領域が大幅に縮小したためである。しかし，地域社会概念が，地域と呼びうる一定の空間を対象とする以上，新しく定立される地域社会概念といえども，地域的限定性という指標，言い換えるならば地域空間の画定という要件は欠かすことができない。

　ここで現実の地域社会に照応しうる地域空間の画定のために，

行政的範域を考慮に入れた空間の画定や重要な機関と住民との関係を考慮に入れた空間の画定が必要とされていた点を思い起こしてみよう。市，町，村，特別区などの基礎自治体の行政範域は，合併直後のものを例外として，その多くは，住民にとって自然な範域とはいえないまでも，相当程度慣れた，あるいはなじみのある範域となっている。また欧米の教会のように住民の誰もが認める重要な機関を見出しえないとしても，それに代わって相対的な重要さを多数の住民に認められているような，さまざまな公共的商業的機関を見出すことはできる。住民と機関の相互の関与の状態に注目して地域空間の画定を考えることもできる。新しい地域社会概念の定立にとって，行政的範域と重要な機関の利用圏を重視した新しい地域空間の画定が必要である。

鈴木栄太郎が描く三重の生活地区

鈴木栄太郎は，住民と機関とのかかわりを実証的にとらえるために，生活に必要な物資を購入したり施設を利用したりする地域の範囲について調査を企画した。調査は1955（昭和30）年5月と56年7月に，北海道大学社会学教室の学生によって札幌市内で実施されている。当時，鈴木は結核により自宅療養中であったため，病床で学生たちの活躍に期待するほかなかった。鈴木は都市を，多種多様な機関が数多く集積する居住地ととらえた。この機関を鈴木は人，モノ，情報の交流を結節させる機能を有する機関として「結節機関」と呼んでいる。結節機関の集積地として都市をとらえる鈴木の視点は，人口量，人口密度，人口の異質性によって都市という居住地をとらえたシカゴ学派とは大きく異なっている。この調査でも都市住民の生活圏を明らかにするために，生活に必要な物資を購入したり利用したりする機関と住民の関係に注目して，それらの所在地を丹念に調べている。調査結果

は，日常生活に必要で日々更新しなければならないものを購入する第一生活地区ないし近隣的地区，週に1度または月に1度程度おとずれる繁華街を含む第二生活地区ないし副都心地区，そして都市唯一の都心を含む第三生活地区という三重の生活圏が構成されることを示した。

この結果のなかで社会学者の関心を引いたのは，第一生活地区を画定するために実施された2つの調査であった。1つは浴場の利用者の居住地に関する調査，もう1つは映画館来場者の居住地に関する調査である。この2つの調査は1956年7月に実施されている。当時の北海道の条例では，人口密集地では浴場間の距離は327m以上離れて配置するよう定められていた。このため浴場利用者の居住地もほぼこの範囲内でおさまることが明らかにされている。映画館来場者の調査では，いわゆる場末の映画館と都心にある映画館の2カ所を対象とし，結果を比較している。場末の映画館の来場者の8割が15丁（1丁は約100m）四方におさまるのに対し，都心の映画館の来場者は都市全体に広く分散して居住していた。

今から65年以上も前の調査であるから，状況は現代とはだいぶ異なっている。50年ほど前まであちこちに見られた銭湯のエントツは今ではほとんど見ることがない。場末の映画館も1970年代以降次々と姿を消してしまった。近年は浴場や映画館にかわって，コンビニや身近なスーパーが都市住民の第一生活地区を形成するための機関となっているようである。

3 新しい地域社会の概念

> 地域社会概念の新たな規定

　前節までの論述を踏まえ，新たな地域社会概念の定立を構想するとき，その軸として，次の3つの基準を設定しておこうと思う。第1の基準は，近代社会システムの行き詰まりを打破する地域社会レベルの新しい「共」の空間を創出するために，新しい概念を定立するのであれば，それは住民自治の回復と拡大を実現するような社会空間であること。具体的には，ローカル・レベルにおける政治あるいは行政サービスに対応する社会空間として，その範域を明確化すること。

　第2の基準は，この行き詰まりを端的に表現する地域レベルの専門処理システムの限界を突破する試みが保証されるような社会空間であること。種々の機関の連携によって成立する専門処理システムは，住民にとっては居住に基づく共同の生活問題を処理するための資源である。この資源の利用による共同の問題の媒介的な処理という側面に，地域社会の広い意味における共同性を措定すること。

　第3の基準は，社会関係の累積という基準や，共同規範，共属感情の存在という基準にもはやこだわることなく，また同様に，人々のさまざまな生活行動圏に眼をうばわれることなく，現状分析に有効な一般的概念として定立される必要があること。

　これらを踏まえ，新しい地域社会概念は，次のように規定しうる。すなわち，地域社会とは，広義には，居住地を中心に拡がる一定範域の空間 – 社会システムを意味し，より具体的には，基礎

Column ④ 地域特性の析出——社会地区分析（その2）

　社会地区分析の利点は，国勢調査結果に基づく分析であることから，同一の都市の時系列的変容をとらえうるだけでなく，都市間比較も容易に達成できる点にある。多数の都市を対象として，国勢調査実施年のデータをもとに社会地区分析を実施すれば，5年おきの変化の様相も，国内他都市との比較も，国際比較も可能である。もう1つの利点は，社会調査を実施する前に，調査対象地の特性を知ることができるという点に求められる。調査を予定している地域が，どの統計区に該当するかということさえつかめば，統計区の特性から，対象地域の特性を推測することができる。

　1955年以降，この利点を生かした優れた研究が生まれる。たとえばS. グリアは，ロサンジェルス市内で，家族的特性のみ異なる2地区を選び，この2地区の住民たちが親しくつきあっている友人について，それぞれの居住地を調べた。その結果，友人たちは互いに似通った家族的特性を有する居住地に住んでいることがわかったのである（Greer 1956）。また，国際比較を進めた研究者たちは，シェヴキイとベルがあげた3特性が，多くの都市であてはまるものの，人種・民族的特性のみ，国によっては別の特性に入れ替わることを見出した。オーストラリアの都市では人種・民族的特性に代わって移動特性（土着者率，あるいは新住民率などによって構成される特質）が，また中近東の都市では宗教的特性が，地域特性において重要な位置を占めるものとなっていた。

　日本でも東京23区を対象とし，緯度経度に基づく500m四方メッシュを空間単位とする分析が行われている。1980年国勢調査の結果によると，社会階層的特性と家族的特性の2つが地域特性を析出するうえで最も重要であることが明らかにされている。東京23区は，ブルーカラー居住地とホワイトカラー居住地が東と西に，つまりセクター状に区別され，家族的特性では周縁部に子育て中の核家族が多い，ゾーン状に区分されていた。ところが，95年の国勢調査の結果では，高齢化特性が社会階層的特性，家族的特性とともに重要な特性の1つとして加わるようになった。これは大きな変化といえよう。

自治体の範域を最大の空間範域とし，その空間の内に居住することを契機に発生する種々の共同問題を処理するシステムを主要な構成要素として成立する社会である。

　第1と第3の基準は，行政的範域に対応する地域社会の空間的範域の設定を要請する。住民自治の拠点という視点に立つならば，その空間を基礎自治体に限定することに無理はないと思われる。通常，基礎自治体は，地方議会を有する市，町，村および特別区（東京都の23区）を指すが，ここでは，これらに加えて政令指定都市における区を含むものと考えておこう。政令指定都市全体を地域社会の最大空間範域とするには，しばしばその範域があまりにも大きいと思われること，議会をもたないにしても区は住民への直接の行政サービスを担っていること，市・県議会の議員選出においてしばしば選挙区に相当していることなどがその理由である。

　第2の基準は，地域で発生する共同問題の共同処理に関わる機関間および住民間の関係，すなわち処理システム内部の諸関係を対象とする現状分析が必要なことを示している。地域社会における人間関係，集団間関係，集団参加の実態，機関と人との関係，専門サービスのネットワーク等々，地域社会システムを構成する要素間の関連をとらえるという，地域社会の現状の分析に不可欠な作業が，じつは，地域社会における共同問題の共同処理の実態の解明を目的とするものであることを，この新しい概念は，端的にかつ明確に示すものとなっている。

　地域社会の概念は，地域社会に成立し維持されている処理システムの現状の問題点を鋭く摘出することを通して，住民自治を拡大するための拠点を明らかにする概念として，ここに新しく定立されたといえよう。

地域社会の重層的構成：地域空間の画定

上記の処理システムは，地域社会の空間的範域に対応して重層的に構成されている。具体的には，地域社会は，基礎自治体等の行政範域，小・中学校の通学圏，地域住民組織の範囲，住民の日常的な購買圏等によって重層的空間構成をとっている。それぞれの地域空間に相応して共同問題の処理システムが成立している。

地域社会は，モデル的には4層の空間に区分されるような多重的な構成をとっている。基礎自治体（市，町，村，特別区）および政令指定都市における区の行政範域を最大空間（第1地域空間）とし，これに次ぐ規模の地域空間として中学校区（あるいはこの校区の規模に合致することの多い連合町内会・自治会）の範域に対応する空間（第2地域空間），さらに小学校区の範域に対応する空間（第3地域空間），最後に最小の地域空間として，単位町内会・自治会あるいは日常的な購買圏に対応する空間（第4地域空間）が設定される。

このように重層的に地域空間を設定することによって，第1に地域空間の範域が明確に区分されることになる。とりわけ最大の地域空間を基礎自治体等の行政範域に限定することができる。第2に人々の〈地域〉イメージが多層的であることに対応できる。4層の地域空間を住民の多くが重要とみなす機関を準拠として設定しているのは，このためである。

ただし，4層の空間設定は，あくまでもモデルである。現実の地域社会には5層ないし6層に分けたほうがよいケースも，少なからず存在する。たとえば，近年の合併による新市誕生の場合，新市を第1地域空間，旧市を第2地域空間とし，全部で5層の空間に分けることが妥当なケースもあらわれている。また町内

会・自治会活動が衰退し，役員の担い手が不足し会員数も減少の一途をたどっているような地域は少なからず存在する。このようなところでは最小の空間範域の設定に単位自治会・町内会の範域を対応させるのは適当ではないだろう。毎日，あるいは2日おきに更新する必要のある日用品を購入する商店とのつながりを軸に最小の地域空間の範域を考えたほうがよいケースも存在するだろう。地域社会の実態に合わせて，この4種の空間設定も柔軟に組み替える必要がある。

> 地域空間別問題処理システム：地域社会における共同性

地域社会は，地域空間の範域に応じて，モデル上は4つの地域空間に対応して，それぞれに問題処理システムを成立させている。たとえば，第4地域空間（単位自治会・町内会の範囲）に限定的な共同の生活問題と第2地域空間（中学校の範域）に発生する共同の生活問題とは相当に異なるものである。第4地域空間のそれが，ゴミ置き場の設置や清掃，ゴミ分別，町内空き地の管理等の問題であるのに対し，第2地域空間のそれは，駐車場・駐輪場の管理，道路整備，公園管理，歩行者用道路設置，コミュニティ関連施設の管理などの，次元を異にする住民の共同の生活問題である。各地域空間には，それぞれに住民の関与のタイプや関与の程度を異にし，また対処する生活問題を異にする処理システムが成立している。

もちろん，層化された地域空間と処理システムごとに，人々のつながりをはじめ，社会的諸関係は異なる相を描く。住民の共同による処理（相互扶助的処理）が容易な第4地域空間では，住民相互のつながりは直接に問題の処理のありように影響を与える。しかし，第1地域空間では，共同問題の多くは行政等の諸機関の提供する専門サービスによって，また，NPO等の諸集団によっ

て処理されるために，問題処理の過程は，機関間関係や集団間関係から大きな影響を受ける。住民もまた処理システムの共同利用を通して相互に媒介的につながっているにすぎなくなる。空間範域に応じて，地域社会の現状分析のターゲットは，少しずつ異なってくるのである。

　地域社会概念は，地域空間と地域社会のこのような重層的構成に対応して，それぞれの地域空間・社会に成立する問題処理システムの現状を分析しうる概念として整備されていかねばならないだろう。それはこの概念が，処理システムの現状における問題点を発見し，システム内部への住民の関与の拠点を検索することにおいて有効な分析的概念であり続けるために必要な課題である。

引用・参照文献 Reference

秋元律郎・倉沢進編，1990，『町内会と地域集団』ミネルヴァ書房。

Greer, S., 1956, "Urbanism Reconsidered : A Comparative Study of Local Areas in a Metropolis," *American Sociological Review*, 21.

Hillery, G. A., 1955, "Difinition of Community," *Rural Sociology*, 20.

MacIver, R. M., 1917, *Community : A Sociological Study*. (＝1975, 中久郎・松本通晴監訳『コミュニティ――社会学的研究』ミネルヴァ書房）

パーク，R. E., 1986, 『実験室としての都市――パーク社会学論文集』町村敬志・好井裕明編訳, 御茶の水書房。

Shevky, E. and W. Bell, 1955, *Social Area Analysis : Theory, Illustrative Applications and Computation Procedures*, University of Stanford Press.

鈴木栄太郎，1940，『日本農村社会学原理』日本評論社（鈴木栄太郎著作集Ⅰ，Ⅱ，未來社)。

鈴木栄太郎，1965，『都市社会学原理』(増補版) 有斐閣（鈴木栄太郎著

作集Ⅵ，未來社)。

Summary　　　　　　　　　　　　　　　　　　　サマリー

　日本の社会学における地域社会概念は，自然村に類似する地域社会を見出したいという願望，社会集団の累積が生み出す地域空間の境界設定への期待，地域社会への住民の共属感情を要件に含めなければならないという思い込みに基づいて，長い間，現実の地域社会の状態から乖離した意味内容を込められてきた。また，鈴木栄太郎の自然村概念，パークの自然地区概念，ヒラリーのコミュニティの3指標，マッキーバーのコミュニティ概念のいずれもが，日本の社会学者のこのような背後仮説に導かれて，旧来の地域社会概念を補強するためにのみ援用されてきた。しかし，視点を変えて読み解くならば，それらの研究には，新しい地域社会概念の定立を導くヒントが隠されている。現実の地域社会の分析に役立つ概念として，また，近代社会システムの行き詰まりや，グローバル化に対する住民の「共」の空間創出や，あるいは政治・行政に抗する住民自治の回復という地域社会に新たに求められている事態に対応して，地域社会概念は定立しなおされなければならない。それは，居住地を基点とし，基礎自治体という行政区画を最大の空間的範域とする重層的空間構成をとり，その空間内に共同問題を処理するためのシステムを内包する社会であると簡潔に表現される。基礎自治体およびその内部の諸空間の範域にあわせて，処理システムはそれぞれに異なる。それぞれの空間における処理システムの現状を分析することが，地域社会論の当面の課題となる。

SEMINAR セミナー

1. 鈴木栄太郎は，自然村のなかでどのような集団が蓄積していると言っているだろうか。調べてみよう。
2. パークは，現代の社会学においても有効な概念を少なからず提案した社会学研究の先達である。「社会的距離」と「境界人」という2つの概念の意味内容を調べ，それぞれがどのような現象を説明するのに有効と思われるか，議論してみよう。
3. 社会学において，地域社会概念が混乱していた理由を，本章ではどのように考えているか，整理してみよう。
4. 新しい地域社会概念は，これまでの地域社会概念とどのように違うのだろうか，また，なぜ違っているのだろうか，議論してみよう。
5. 本章では，地域社会を4つの層に区分している。このそれぞれの層では，発生する共同問題と処理の仕方がどのように異なるのか，具体的に例を挙げ，考えてみよう。

読書案内

中野卓編『地域生活の社会学』（現代社会学講座 II），有斐閣，1964

今から約60年前に書かれた書物であるが，5人の執筆者の力作がそろった名著といえる。地域社会学のこの時点での到達点を示す書物であり，一読に値する。

倉沢進『コミュニティ論――地域社会と住民運動』放送大学教育振興会，1998

現状の地域社会と期待される地域社会像としてのコミュニティを明確に分けている点，先行研究の紹介をはじめ，わかりやすく解説されている点など，最良の入門書といえる。

町村敬志・西澤晃彦『都市の社会学――社会がかたちをあらわすとき』有斐閣，2000

第2章 地域社会とは何だろう

狭い意味での「都市社会学」にこだわることなく，都市という移り変わりの激しい場所を対象として，今日的で論争的なトピックを取り上げ，社会学のさまざまな考え方，アプローチのしかたを幅広く援用しながら，平易な解説につとめた良書である。

佐藤正広『国勢調査——日本社会の百年』岩波書店，2015

　第1章の*Column*①（その1），*Column*②（その2）において国勢調査と世帯の関連について言及した。本書は，国勢調査の調査内容，第1回国勢調査実施にいたる過程，戦時下から現在までの国勢調査の推移等，詳細に記述され，国勢調査に関する格好の入門書となっている。関心のある方にはぜひ一読をすすめたい。

 森岡清志◆

第3章 地域を枠づける制度と組織

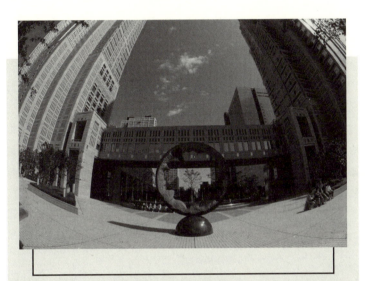

東京都庁（毎日新聞社提供）

　現代の都市生活において，私たちはあまり地域的な拘束を感じることなく暮らしている。移動のコストさえいとわなければ，特定の場所にとらわれる必要もない。それが地域というものをわかりにくくしている理由でもあった。

　しかし，現代においても地域的な拘束や規制は厳として存在している。ただかつてのように具体的な隣人によって監視されるような形態をとっていないだけである。それはもっと形式的で洗練された制度として組織されている。

　本章では，そのように地域を枠づけている制度や組織について見ていきたい。

1 制度と組織

土台としての土地・空間

地域が「地」域であるのは，いうまでもなくそこに土地なり空間が存在しているからである。いわば土地・空間は地域の「物質的基盤」である。したがって地域を考える際には，この土地や空間に誰が，どのように関与しているかということを考えなければならない。たとえば，地域には私たちが気軽に立ち入ることのできない場所がたくさんある。他人の家や所有地がそうである。私たちはたんに，公共の道路や交通機関を使って自由に移動できるようになっただけである。地域的な拘束が厳として存在しているというのはそういう意味である。そうすると地域というものを考えるには，まず土地・空間に関与する主体とその関与の仕方というところから始めるのが適当であろう。

土地・空間に関与する主体

土地・空間に何らかの関与をする主体には，どのようなものがあるか。おおまかにいえば，個人かそれ以外である。それ以外とは個人ではない何らかの組織性をもった存在である。社会学ではこういうものを「集合体 (collectivity)」という。個人と集合体といっても，まだ漠然としてよくわからない。そこでここでは集合体を集団と団体に区別しておく。「団体」というのは，専門のスタッフを抱えている点で「集団」とは異なる組織であり，ここでは「機関」という言い方も併用することにしよう。さらにこの団体を公的・私的・共同的の 3 つに区分しておく。端的にいえば，行政・企業・協同組合というのがこれに対応する。した

がって土地・空間に関与する主体には，とりあえず個人・集団・行政・企業・組合の5つがあると考えておく。

土地・空間への関与の仕方

それでは，これらの主体は土地・空間にどのように関与しているのか。土地・空間への関与の基本は所有である。しかしそれでは少し広すぎるので，ここではとりあえず処分・収益・利用・管理・保障という5つの側面を区別しておこう。処分とは土地・空間の売買や貸与を決定することであり，収益は使用を許すことで代金を請求することであり，利用とは具体的に使用することであり，管理とはその利用の側面を規制することであり，これらすべてを全体として秩序づけ，正当化することが保障である。そうすると私たちの身のまわりに広がる地域は，いっさい立ち入ることのできない私有地と，利用するには料金の支払いが必要な場所と，一見自由に出入りできるようで，じつは一定のルールが存在している空間が混在していることに気がつくだろう。地域という土地・空間を規制する秩序は，このようなかたちで存在している。

制度と組織による統制

ところで，地域というものがわかりづらくなったというのは，かつては村という集団によって管理されていた土地が，個人が自由に処分したり利用することのできる空間へと変貌したことによっている。いわゆる「共同体の解体」と「空間の商品化」というのがそれである。しかし，かといってそれはまったく自由になったことを意味するわけではない。個人や団体が定めた管理規則の範囲内でのみ，そのような自由が保障されただけなのである。ただし，とりあえず個人が直面する空間的な拘束が，具体的な集団から形式的な規則に変化することで，地域というものが見えにくくなったことは確

かである。したがって現代において地域というものを考えるには，そのような意味での管理と保障の働きに注意しなければならない。

公的機関の支配的な影響力

さて，すでに述べたように地域はさまざまな主体によってモザイク状に所有され，それぞれの主体がその空間の利用を制限している。個人がその居住地への立ち入りを禁止したり，企業が代金を徴収したり，行政が公有地の管理をしたりという具合である。このうち個人や企業については私有財産制度と市場原理がその存立を保障している。現代都市は不動産取引を前提に事業地なり居住地として形成されていく。逆からいえば，費用を負担できるかぎり，人々は自由に移動するなり定住することが可能なのである。しかし，各自が個別に調達するのが困難であったり，利用者からいちいち料金を徴収するのが面倒な事業も存在する。ガス・水道・電気といったインフラ整備や道路・公園などの管理がそれである。いわゆる「社会的共同消費」とか「集合的消費」と呼ばれるもので，これはふつう行政などの公共機関が管理する場合が多い。しかもそれは特定の地域に広がる国家や自治体が住民から徴収した税金によってまかなっている点に注意すべきである。

じつはこの国家や地方自治体の行政機関こそが，土地・空間の管理や保障について特権的な影響力をもっている。私有財産制度や市場原理の作動を究極において保障しているのも，最終的には物理的強制力の行使もいとわない自治体の警察機構や国家の暴力装置である。また，社会的共同消費手段の確保と管理だけが行政の仕事ではない。場合によっては行政が，不動産取引によって無秩序に開発されていく都市のモザイク状の土地利用のあり方を，強く規制しようとすることもある。それがいわゆる「都市計画」であり，「地域政策」なのである。

> 人が生まれ育ち，死んでいく地域

このように考えてくると，現代の地域は国家や地方自治体によって枠づけられ，管理されているだけのもので，人々はその枠内で地域とは無関係に自由に動きまわっているにすぎないかのように思えてくる。たしかに，かなりの程度そうであることはまちがいない。最近はそうでもないが，以前にはそれこそが都市であり，近代化された社会というものであって，地域の社会的つながりなど一掃すべきだと考える傾向が強かった。それは，戦前に人々の郷土愛が愛国心へと一面的に拡張され，天皇制ファシズムによる戦争協力へと駆り立てられたという苦い民族的経験に裏打ちされている。しかし，人間が生まれ育ち，そして死んでいくのは，つねに人々の社会的つながりのなかにおいてである。どこかの時点でそれが失われると人間はまともに生きていくことができなくなる。家族が維持されていないと赤ちゃんは生きていけないし，大きくなっても何らかの理由で社会的に孤立してしまうと健全な成長と発達に支障をきたす。老後における社会的つながりの維持こそが，まさに今問われていることである。

そのような社会的つながりを維持するためには，昔のように面として一律に広がる土地ではないかもしれないが，それらを再生産するための空間的な基盤が不可欠である。家族には住居が必要であり，友人と交流するには社交の場が必要であり，援助を受けるには施設やサービス・センターが必要である。したがって，人々がそのような自分にとって重要な社会的つながりをもたらしてくれた空間に，何らかの思い入れを抱くようになるのはごく自然なことである。生まれ育った町や多くの友と出会った学校を懐かしく思う気持ちは，別にすぐさま国家への忠誠へとつながる反動的なものではない。その時々に人々を生かしてくれてきたさま

> **Column ⑤ 鈴木栄太郎の「機関」という概念**
>
> 　鈴木栄太郎の「結節機関説」と呼ばれる議論がある。人・もの・こころが社会的に交流する際の節目をなすのが「結節機関」であり、この結節機関が多く存在する場所が都市だと定義したことで知られる。一部にはずいぶんもてはやされた概念であるが、「結節」という部分にはあまり重大な意味はない。たんに集まっては散らばる節目だといっただけで、何も示唆していない。この点ではむしろ「統合機関」と明快にその役割を指示した矢崎武夫の議論のほうが優れているだろう。鈴木自身もあまり「結節」にはこだわらず、「集散」と言い換えたりもしている。
>
> 　むしろ鈴木の議論でおもしろいのは「機関」のほうである。鈴木の「人と人」「機関と人」「機関と機関」の関係という議論は秀逸である。鈴木は都市を「人と人の関係」と「機関と機関の関係」という二元的な世界からなると論じている。この点は現代都市を考えるうえで、きわめて示唆的である。本文との関連でいえば、人と人との関係でとらえる地域社会は見えにくくなったが、機関と機関との関係からなる地域は厳として存在しているということである。

ざまな社会的世界への郷愁を誘うものにすぎない。それが何らかの土地なり、空間として大切にされ、人々を地域において結びつける絆を形成している場合も、ごくまれには存在するのである。

> 下町の商店街や子どもをめぐる地域のつながり

そのような社会的つながりを維持している地域のイメージとして古典的なのは、いわゆる下町の商店街である。寅さんの映画に出てくる葛飾柴又のお寺とダンゴ屋と町工場で構成される社会的世界が典型である。このような地域は、現代でも多く存続しており、けっして無視できない存在である。そこでは商店会や町内会などの集団が、特定の地域における人々の生き方を何らかのかたちで枠づけている。それらはもちろん自治体行政などの機

関によって認められることで維持されている側面もあるので，つねに他の団体との関係で見ていかなければならないが，あくまでも集団として独自に地域に関与している点を軽視するわけにはいかない。

 同様に，もう少し新しい形態として注目されるのが，子どもの教育や高齢者の介護などの問題をきっかけに，ある種の集団や組合的な団体が形成されることである。1960年代から70年代にかけて，日本では地域開発政策という名のもとで，国家や地方自治体が大企業と連携しながら，製造業を中心とした工業の発展に便利なように，土地・空間の再編成を行ったことがある。その結果，公害などの環境問題が激化し，革新自治体による生活環境の整備が必要とされるようになる。その過程で都市化が進み，子どもの遊び場や子どもの成長を見守る地域における大人の社会的つながりが失われていった。ここに地域での子育てが1つの大きな生活課題となっていったのである。

 そこから地域の教育文化運動と呼ばれる活動が，子育て期にある女性を中心として展開するようになる。彼女たちは子どもが育つ生活環境としての地域の空間的・社会的・文化的条件の改善に努力していく。児童館や図書館の整備，そこでのサービスの改善，さらにはそれらを支える住民活動など，それぞれの地域にさまざまな活動の展開と蓄積が見られた。そこには下町の商店街とはまた違った意味で，施設などの空間を媒介とした人と人とのつながりが生まれていったのである。それらは商店会や町内会などの集団によって支えられるというよりも，全国的な連絡会なり支援組織としての組合的な団体を生み出すに至った。

 同じことが現在，高齢者をめぐるボランティア活動や生協などの消費者運動においても展開している。これらの蓄積が最近では

NPO・NGO への期待として語られるようになっているわけである。

> 地域をどう組織するか

以上見てきたように，現在の地域はいろいろな主体によってさまざまに組織されている。そのなかで広大な私有地を所有する大企業や公有地の管理を任されている国家や地方自治体の影響力は大きく，個人や集団・共同的な団体の力はまだまだ小さい。しかし，いくら地域が個別に分割されていたとしても，共同で利用せざるをえない部分や物理的な近接性ゆえに勝手な利用をするわけにはいかない側面も多い。したがって地域を全体としてどう組織するか，どう管理し，どう利用するのが，みんなにとって適切であるのかを決めていくことが必要になってくる。つまるところは都市計画や都市政策ということになるのだが，これに関する意思決定をさまざまな人々の利害を調整し，合意を調達しながら，民主的に進めていく仕組みが不可欠なのである。この意味で政治的な団体や制度，世論を形成するマスコミやジャーナリズムの働きも，地域生活を考えるうえで見逃してはいけない重要性をもっている。

次節からは，ここで概観した個々の主体について，より具体的に見ていくことにしよう。

2 国家と地方自治体

> 国家と地方自治体の地域への関わり

すでに述べたように，現代の地域を枠づけるうえで最も大きな力をもっているのが，国家や地方自治体である。地方自治体と国家の違いについては後に述べることにして，まず，これら

公共機関の地域への関与の仕方について確認しておく。大きく分けて4つの側面が区別できる。

1つ目は、他の個人や団体と同様、土地・空間の私的所有者としての側面である。公有地はそのすべてが公共の用に供されているとは限らない。たとえば、皇居の一部や首相官邸の一部は特定の地位にある人々によって私的に利用されていて、部外者は立ち入ることができない。じつはこの側面でも、国家や地方自治体は並はずれて大きな財産所有者なのである。日米安全保障条約に基づく米軍基地や自衛隊の演習場などもそうで、これらを含む地域では国家の影響力は計り知れないほど大きいわけである。

2つ目には、公共の用に供されている公有地の管理者としての側面がある。河川や林野、道路の大半がそうである。それらは不特定多数の人々の利用や安全のために、何らかの整備や補修を定期的に必要とする場合が多い。また、公園や施設のようにはじめから住民の利用に供するために建設・整備されたものもある。つまりこの側面において、公共機関は「社会的共同消費」や「集合的消費」を直接に担っている。同じことを間接的に行う場合もある。たとえば、道路公団による高速道路の建設・整備や、公共交通機関および電気・ガス供給を担う民間企業に対する許認可権を通じた規制がそれである。このような他の個人ないし団体が私的に所有し、利用している土地・空間を全体として管理・規制する働きが3つ目の側面である。すでに述べたように、地域を考えるうえで最も重要なものが、この側面における「都市計画」であり「地域政策」である。これについては後でもう一度取り上げよう。

4つ目が、あらゆる個人と団体の地域への関わりを全体として保障する働きである。たとえば、土地・建物の所有権は法務局に

おける登記簿への記載によって保障されている。個人の財産権は近代の資本主義国にとって最も尊重されている基本的権利の1つである。これらの秩序を乱す行為は，犯罪として国家がきびしく取り締まることになっている。地方自治体の抱える警察機構や最終的には軍隊がこれを保障している。

地方自治体と国家

さて，地方自治体と国家は等しく公共機関として以上のような地域との関わりをもっている。それでは，この2つにはどのような違いがあるのか。いずれも自治体であるかぎり対等であると考えてもよさそうだが，とりわけ日本においては国家が優越してきたといわざるをえない。地方自治体の自治権は国家によって付与されるという考えすらなくなってはいない。しかも日本の地方自治体には基礎自治体というべき市町村だけではなく，国家との間に都道府県という中間的な地方自治体が設置されている。そしてこの都道府県が国家の意向を市町村に伝達する役割を果たす傾向が強いのである。

たとえば，都市計画という地域社会の空間的な構造を劇的に変更する政策をつかさどる権限は，日本においては国家のものとされ，具体的には都道府県が機関委任事務としてこれを執行する形態を長い間とってきた。驚くべきことに，市町村は直接の権限をもたなかったのである。よく駅前整備などの計画の実施を公示した看板を見かけることがあると思うが，それらはいずれも担当部局が都道府県の都市計画課などになっているはずである。また，中央官庁がその時々に打ち出す地域政策も，そのつど都道府県を介して市町村に伝えられ，日本の地方官僚はつねに霞ヶ関の動向をにらみつつ仕事をしているとは，つとに指摘されてきたことである。

しかし，このような現実は地方自治体と国家の原理的な違いを

Column ⑥ 地方分権改革について

　日本の地方自治制度はきわめて集権的な性格を有している。戦前はいうまでもないが，戦後においてもアメリカ占領軍の改革要求への抵抗の結果として，機関委任事務という制度が活用され，かつこの地方自治法の別表に個別に列挙される事務の数がどんどん増やされてきたのである。ところが，このような地方自治制度を大幅に改定する試みが，1990 年代以降進められてきた。それが 95 年の地方分権推進法の制定から 99 年の地方分権一括法，さらにはその後の三位一体改革まで続く一連の地方分権改革である。

　一連の改革によって機関委任事務は廃止され，法定受託事務と自治事務に整理されることで，国と地方との対等・協力の関係が標榜されている。このことによって少なくとも自治事務の範囲では自治体がその裁量で個別の事情や住民の要望に応えることができるようになったと考えられる。ただし権限の移譲に伴い，それにふさわしい規模の自治体にということで強力に進められた市町村合併によって自治体がかえって縁遠くなったことや，権限に伴うだけの財源の移譲が十分でないことが，課題となっている。

考慮に入れるならば，きわめて不自然なことに見えてくる。市町村，都道府県，国家の自治体としての違いは端的にその管轄する空間の広さと規模にある。最小単位の自治体という点にこそ，基礎自治体たる市町村の特徴がある。したがって当然のことではあるが，生きた住民の現実に最も近いところにあるのが，この自治体なのである。

　たとえば，外国人労働者に対して公的なサービスを提供することを最初に決断したのは地方自治体であった。この点で国家はつねに合法か否かにこだわり，不法滞在者にはいっさいのサービスを提供しないという立場をとるが，地方自治体はそんなことはいっていられないところがある。現実に健康を害し医療サービスを

必要とする人間を前にして，お金がないなら健康保険も適用できないのであきらめなさいとは言えないのである。その意味で，生きた人間の人権を擁護するには，国家よりも地方自治体がより適切な判断をしうる位置にあるといってよい。

　同じように，生きた住民にとって最も強烈な影響を被るのが，具体的な土地・空間の形状変更を伴う都市計画や地域政策なのである。1960年代から70年代にかけての地域開発による公害問題への対処が，いずれも革新自治体による公害防止条例の設置によって先導されたことにそれはよく現れている。地方自治体のこのような特質を活かすような国家との間での権限の配分が求められるのである。1990年代以降進められてきた地方分権改革の課題も，本来はこのような観点から考えられるべきものである。

あらためて，「地方自治は民主主義の学校」

　もう1つ，規模が小さいところからくるきわめて重要な特質が，いわゆる「地方自治は民主主義の学校」といわれる側面である。現在の都市生活がきわめて高度な科学技術を前提としており，それらの全体的な調整のためには専門的な知識が不可欠になっていることはいうまでもない。それゆえ現代においてそのような知識とスタッフを確保しうる行政官僚制のもつ力が非常に強くなっている。反面，普通の市民が，政治が生活にとって有用なものであると感じることはますますむずかしくなっている。そのようななかで，身近な問題をわずかな努力で政治的に解決できる場をもつことはきわめて重要である。このような場として基礎自治体は最も可能性の大きな自治体なのである。明治以来の中央集権的な国家制度のもとで，権限が与えられることも，適切な情報の開示を受けることもなく，その結果，政治的な無力感と無関心だけがひたすら肥大化してきた日本においては，戦後の一時期

とはまた違った意味であらためて「地方自治は民主主義の学校」という言葉が実践に移されるべき必要性が高まっているのではないだろうか。

3　学校と教育委員会

人が生まれ、育つ場として

さて、地方自治体が人々の人権を擁護し、民主主義を実践する場として有利なことを確認してきたが、これらの特徴と新しい形態での地域活動の台頭を考えた場合に、独自の検討が必要な行政の一部門が存在する。それが学校などを所管する教育委員会である。人が生まれ育つ場としての地域にとって、子育てや教育は非常に重要な問題である。しかも基本的人権の擁護と民主主義の尊重は教育においても肝心な点である。したがって地方自治体という政治的実践の場が、教育という社会的な実践の場と重なり合っていることは、じつはきわめて有意義なことなのである。

文化イデオロギー装置としての学校

ところが、日本という国家は教育の場においても中央集権的な性格が強すぎたきらいがある。戦前のみならず、戦後においても教育目標はつねに「中央教育審議会」という国家レベルの機関において検討され、教科書も国家の検定を受けなければならない。子どもをどのように育てるかは、地域のレベルで検討されるというよりは、いわば国家レベルの問題とされてきたのである。このことが十分な権限をもたない地方自治制度とあいまって、日本の教育にある傾向をもたらすことになった。つまり学校や教育委員会が地元の人々の要求に基づくというよりも、国家という超

越的な権威によって「上から」教え込むといういわばイデオロギー装置として機能してきた面が強いのである。したがって子育てをめぐる地域の共同的な活動は，つねに制度としての学校や教育委員会と無関係ではありえず，時としてきびしく対立する場合も見られた。さらに最近では学校教育のみならず生涯学習というかたちで，教育委員会が成人の文化的活動と積極的に関わるようになっている。ここでもこれらの文化政策がたんなるイデオロギーとして作用するか否かは，これに対応する地域の文化活動が地方自治体における政治的実践とどのように関わるかにかかっている。

教育行政と地域文化　現在の地域を大人たちがどうしていくかについての政治的実践が，市民の自治的な活動とこれに対応する自治体行政や議会の働きであるとすれば，次代を担う子どもたちをどのように育て，大人たち自らが生涯を通じていかに学ぶかについての社会的実践が，市民の教育文化活動とこれに対応する学校や教育委員会における教育行政のあり方なのである。したがって地方自治においてそうであるのと同じように，教育や文化の領域においても国家よりも地域が責任をもって決定すべき側面が存在することについて考えてみるべきである。少なくとも，当該の地域を将来にわたって担っていくことが見込まれる子どもたちに対する教育内容については，その地域の実情に応じた配慮がなされてしかるべきであろう。この意味で地域産業の歴史的蓄積や文化状況を踏まえた教育行政のあり方を，住民が自治的に決定できる仕組みが求められるのである。

戦後改革という試み　かつてこのような理念を制度的に実現しようとする試みがなされたことがあった。子どもをどう育てるかを決めるのは国家ではなく，地域であるべきだとするイギリスやアメリカにおける教育理念が占領軍（GHQ）

によってもたらされ，一般の行政組織とは別立ての行政委員会として教育委員会が地方自治体に設置され，しかもその教育委員を地元住民たちの直接選挙によって選出するという「教育委員会法」が施行されたのである。しかしながらこの法律による教育委員の公選はわずか1度だけ行われただけで，「日本の実情に合わない」という理由で国会での強硬採決をもって葬り去られている。代わって1956年に制定されたのが「地方教育行政の組織及び運営に関する法律」で，この法律によって教育委員は首長が議会の同意を得て任命することに変更され，当初の理念とはまったく正反対に，一般の行政組織とは独立の行政委員会であるがゆえに，かえって他の部局以上に文部省（当時）による中央統制が直接及ぶ可能性の高い制度になってしまったのである。

このような制度の改変をもとに戻そうという動きが，有名な東京都中野区における教育委員の準公選運動であった。残念ながら，この動きも他に広がることなく頓挫してしまうが，それでも旧教育委員会法のみならず，改正前の教育基本法によって代表される戦後教育改革の理念は，さまざまなかたちとなって現在の地域社会における住民の教育文化活動のなかに受け継がれていることを見逃してはならない。一時期いわゆる「戦後教育」の弊害がとりざたされることがあったが，とりわけ学校教育においてはかなり早い時期に戦後教育改革の理念自体が改変されていったという事実を踏まえるべきであろう。また，そのため戦後改革の理念はむしろ社会教育などの学校教育の周辺部において受け継がれてきたという側面を考えてみる必要がある。この意味でも当該の地域において教育文化関連の住民活動がどのように堆積してきたかということが，地域社会を考えるうえで無視できない重要性をもっているのである。

第3章　地域を枠づける制度と組織　61

4 市場と資本

> 地域の経済構造

これまでいささか行政の影響力について強調しすぎたかもしれない。地域という空間的範域にこだわるならば，とりわけ日本の場合，行政のもつ力の大きさを否定することはできない。しかしある意味ではそれ以上に力をもっているのが，企業を単位としその行為を枠づけている自由主義の市場経済という制度である。地域にどのくらいの土地や建物を所有し，どのような種類の事業を営み，どれだけの収益を上げている企業が，どのくらい存在しているかは，地域の産業構成や経済構造としてその地域の類型的な特徴を決定する。従前からそれは地域類型論というかたちで研究されてきたことである。

たとえば，かつての釜石市と釜石製鉄所は1つの巨大企業が地域社会に多大な影響力をもった，いわゆる企業城下町の典型であった。このような企業は，ただたんに市内に広大な土地を所有しているというだけではなく，それに伴う固定資産税と事業税によって地方税の大半を負担し，多くの関連議員を地方議会に送るなどして，市政に対して多大な影響力を保持していたのである。

これに対して中小の町工場が密集しているような地域や，住宅地のはざまに中小商業者による商店街が発達している地域，高層のオフィスビルが立ち並びホテルやデパートなどの大規模店舗が軒を連ねる地域など，地域社会の景観や空間的特徴を作り上げているのは，むしろ市場の論理に基づく大小の企業の立地と土地利用であるといっても過言ではない。さらにいうならば，公園やモ

ニュメント，個々の住宅地をどのように設計し，どのようにデザインするかも，建築設計事務所や建設会社によってかなりの程度決められていくといってよいだろう。

資本の種類と地域への関わり方

じつは企業を中心とした経済活動が，地域を物理的・空間的にどのように形成していくかということについては，経済学や地理学ないし建築学や都市工学などの分野においてさかんに研究されてきたことである。くわしくはそれらの分野の成果を参照することが求められるが，人々が形成する社会的な関わりの世界を対象とする社会学の立場から，いくつか肝要な点についてだけ簡単な指摘をしておきたい。

それは，企業の営む事業活動の内容，いわば資本の類型的な性格によって当該企業の地域への関わり方が決定的に異なってくるという事実である。たとえば近隣の常連客を頼みにしている商店街の洋品店と，広い範囲からの集客力をもつデパートのテナントとでは働いている店員の意識も，経営者の地元との関わりも自ずと異なってくる。一般に企業規模が大きくなるにつれて，事業所が立地している地域の社会的世界には無頓着になるのが，その事業所に勤める従業員や経営者の行動様式といってよい。かつて公害が日本の所々で問題になったとき，そのほとんどは事業活動の展開が全国ないし国際的に広がっている大企業が，地元住民の生活を平気で脅かすという構図であった。これも一面では，そのような社会的な構造があって，地元レベルでの有効な歯止めを困難にしていることの現れと見ることもできる。国家と自治体の関係と同じような議論が，資本の各類型ごとにも設定可能なのである。

> 製造業資本と労働力の
> 再生産

　日本の経済を長らく支えてきた，ものづくりの産業，製造業資本を考えてみよう。
　製造業資本の特質は，ものを作る技術をすばやく習得しうる個々の能力を保持すると同時に，他と円滑に協働しうる団体的訓練をつんだ労働力の大量の再生産を不可欠とする。つまり，一般的にはある種の基礎的な適応力，つまり学力を必要とすると同時に，協調性をもった労働者の育成が不可欠なのである。日本の学校教育において，これまで求められてきた能力がこのような製造業資本にとって不可欠な労働力の条件とちょうど対応することは興味深い。

　しかし，それはあくまで製造業一般の話であって，個別にはもう少し細かな事情が存在する。つまり，特定の地域に歴史的に堆積した産業の性質いかんによっては，その地域に必要な人材や能力，社会的性格が異なることもありうる。漁村や炭鉱の町における住民の気質が，主として事務職やサービス業に従事するサラリーマンの居住する郊外住宅地と異なることは，多くの人が経験的に知っていることである。

　いずれにせよ，製造業資本が必要とされる労働力の再生産に強い関心を示す資本であることが，ここでは重要なのである。つまり労働力の空間的な移動が困難な場合，このタイプの資本は当該地域の教育と文化に強い関心を示さざるをえない。この意味で次に述べる金融資本に比べて，より地域に対して社会的な関わりをもつ可能性の高い資本なのである。ただし，日本の場合は若年労働力の地域移動が比較的容易であったために，財界が各地域ではなく国家レベルでの教育に関心を示すだけで事足りていたという事情も存在している。

> 金融資本と建設業資本
> による開発と投機

長らく日本経済を支えた製造業資本も1990年代に入ると本格的にその地位があやしくなる。これに代わって相対的にその比重を増すのが、金融資本と建設業資本である。これらの資本は地域生活にとって少しやっかいな性格をもっている。いずれも建設と破壊をこととする資本なのである。

金融資本は基本的に回収しうる利得にだけ関心があるので、個性ある労働力の再生産に関心をもつ地域産業の持続的な成長を必ずしも保障しないところがある。その時々でより儲かる産業分野が存在するならば、平気でその投資先を変更する。したがって特定の地域が金融資本の持続的な投資をつなぎとめるためには、つねに利潤率の高い産業へと絶えざるスクラップ・アンド・ビルドを繰り返さなければならない。結果として、人々が安心して一生を暮らせる地域の働き先が維持されることは困難になってしまう。

建設業資本については、さらに事情が単純である。自然環境や建造環境の大規模な改変こそがこの資本の事業内容そのものであり、必要があろうがなかろうが定期的に地域の空間的な構造が大きく変更されていくことこそが、この資本にとって望ましい事態なのである。大規模な地域開発や都市再開発、道路・架橋の建設、河川の補修やダム建設、日本の場合、これらはすべて公共事業として、建設労働者や地方の雇用確保の意味あいも含めて、好不況とは無関係に毎年増えつづける法制度的な仕組みができあがっていた。いわゆる「土建国家ニッポン」たるゆえんである。公共投資の不況対策としての効果が疑われ、むだな公共事業の見直しが求められはじめたのは、このような性格をもつ建設業資本を国家が財政的に支えてきたという戦後の日本経済のあり方や、それを支える政官財の関係のあり方が問われているということなのであ

第3章 地域を枠づける制度と組織　65

る。また，地域社会にとってはつねに道路が掘り返されてでこぼこになるというだけではなく，慣れ親しんだ景観や文化的アイデンティティを抱きうる空間の維持がきわめて困難になることを意味する。自然環境が大規模に破壊されていくことはいうまでもなかろう。地方分権の推進によって，地方自治体が適切にこのような公共事業の見直しができるようにするというのが，分権化の1つの重要な理念なのである。

ローカルな資本とグローバルな資本

さらに，これら個々の資本が営む事業内容だけではなく，地域への影響という点できわめて重要なのは，当該資本がどの程度の空間的な範域をその事業の対象としているかという側面である。いわゆる大資本と中小資本，あるいはグローバルな資本か，ローカルな資本かという区別である。ローカルな市場を重視する資本は地域社会にとってよきパートナーとなりうる可能性が高い。下町コミュニティを構成する町工場や商店街の自営業者たちが，町内会などの地域住民組織を通じて地方自治体の行政と密接な連携をとってきたことはよく知られている。また，労働力の再生産との関連ではきわめて大きな影響を当該の地方自治体に与えてきた，いわゆる「企業城下町」としての釜石市や豊田市が，じつはより広いグローバルな市場とのかねあいで盛衰する資本のもとにあったことがもたらした功罪については，今一度よく検討する必要があるだろう。

いずれにせよ，以上のような産業や資本の性格を考慮に入れるならば，地方自治体と国家がそれぞれ育成に力を入れるべき業種や企業が異なることがむしろ自然といってよいだろう。地域社会の側からいえば，当該地域に歴史的に堆積してきた産業と労働力の蓄積に応じて，大切にすべき産業分野が選別され，それに応じ

た人材の育成が,地域の意思によって自治体の教育政策として長期的に推進されていくことで,少なくともそう望む人々が一生を通して安定した雇用と慣れ親しんだ景観を維持しつつ,愛着のもてる個性豊かなローカル・コミュニティでの定住を実現しうることが,地方自治体の国家とは異なる独自の役割となっても不思議ではない。地方分権の推進は,そのような意味での自治体の独自の政策展開を可能にすべきであり,このような意味での自治体の経済政策が模索されていく必要がある。

5 政治とマスメディア

あらためて民主的な地方自治のために

さて,最後にこれまで地域生活の社会学においてはあまり多くの言及や検討がなされてこなかった領域について,若干の指摘をしておきたい。それは政治や言論をめぐる社会制度に関する問題である。一言でいえば,政策的な意思決定の領域へと人々を関連づける制度としての議会とマスメディアの働きである。この領域の問題,とりわけマスメディアの位置づけが日本の都市社会学や地域社会学においてまともに論じられてこなかったのは,それ自体興味深い問題といってよい。くわしく検討する用意はないが,日本においては行政権力の力が強く議会の実質的な影響力が小さいために,本来はこの議会を通して威力を発揮する世論や言論の力が弱く,たんなる批評に終わってしまいがちなことがその原因なのかもしれない。とりわけ地方議会とマスメディアが自治体の政治的意思決定における民主的な自治の担い手であることを感じることは,非常にむずかしいのが現状だろう。しかし,生

協などの地域活動が地方議会の無理解という壁にぶつかることで，自分たちの代表を「代理人」として地方議会に送り出していった代理人運動などの経験を考えるならば，地方議会とそれを動かす世論形成におけるマスメディアの役割はきわめて重要な問題であるように思う。

地方議会と地方政治　日本の地方自治制度のもとでは地方議会が十分な権限をもてないという限界性についてはつとに指摘してきたとおりである。たとえば現在では廃止された機関委任事務において，地方議会は長い間何の権限ももたなかったのである。しかしそれでも地方自治体がさまざまな工夫を重ねてきたことも事実であり，その場合には議会がそのような政策や条例の制定を支持するか否かが決定的に重要なのである。いわゆる要綱行政の試みや自治体独自の公害防止条例やまちづくり条例などの工夫が実現するかどうかは，議会の判断次第なのである。かつて制度的改正を実現した東京都特別区の区長準公選運動にしても，孤立のうちに頓挫した中野区の教育委員準公選制度にしても，しばしば各地で話題になる自治基本条例や住民投票条例にしても，地方議会とそこに至るまでの地方政治の動向がすべてを左右するのである。

世論形成と言論装置としてのマスメディア　地方議会における雌雄を決する地方政治の主たる過程のなかで，現状としては4年ごとに行われる統一地方選が最も大きなものである。本来ならば議会の各会期における予算審議や条例の制定過程においても，同様の扱いがあってしかるべきではあるが，一般の住民が参加しうる点では，これが最大かつ唯一といってよい。このような機会に選挙の動向や結果に大きな影響をもつのが，マスメディアによる報道である。一部の地方選挙において

は候補者による討論がテレビで行われることもある。マスメディアの政治過程における世論形成などへの影響はきわめて大きなもので、その規制すら問題になることがある。争点そのものの設定や情報の提供という点でのマスメディアの言論装置としての力は無視できない。したがって、マスメディアそのものが地域にとってどのような意味をもち、地域政治と関わる際にどのような特質をもつのかについての検討が必要となる。

ローカルなメディアとナショナルなメディア

資本の類型としてローカルか、グローバルかを問題にしたが、じつはマスメディアにおいてこの問題はきわめて重大である。統一地方選がつねに国政レベルでの政府への信頼を問うかたちでしか評価されないのは、日本のメディアが圧倒的にナショナルなレベルに集中しているからである。新聞の購買層やテレビの視聴者が特定地域に限定されていない以上、地域政治にまつわる報道はすべてナショナルなレベルでしか言論化されないのである。このことは人々の関心を最も身近なはずの自治体へと向けることを困難にしている理由の1つでもある。かりに市町村レベルの議会での政策決定における争点が、少なくとも国政レベルと同等にくわしく報道されるローカルなメディアが発達していたとしたら、事情はかなり異なってくるのかもしれない。その意味でも代理人運動が自分たちが送り出した議員の議会活動の広報や議会そのものの傍聴活動に力を入れていた点が注目される。

いずれにせよ、ローカルな市場ないしニーズに対応する言論装置としてのメディアの発達が、地域政治の活性化と住民自治の実現のためには、不可欠な課題であることを確認する必要がある。この意味で、近年のSNSを活用した選挙のあり方なども、ナショナルなメディア偏重への批判として、むしろ積極的にとらえる

べき側面があるのかもしれない。

　以上，本章では現代においてわかりにくくなってきたとされる地域というものが，実際にはさまざまな制度や組織によって枠づけられていることを明らかにしてきた。そのなかで，地域を見えなくしているもう1つの理由に，じつは地域という単位に十分な権限や決定権が与えられていなかったり，地域において十分に資源や情報が活用されていないという事実が，日本の場合大きいことがわかってくる。いわば分権や自治の問題も含めて，地域を見えるようにしていくことが，むしろ求められているといえよう。

引用・参照文献

Castells, M., 1977, *La Question Urbaine*, F. Maspero.（= 1984, 山田操訳『都市問題——科学的理論と分析』恒星社厚生閣）
増山均，1986,『子ども組織の教育学』青木書店。
宮本憲一，1980,『都市経済論——共同生活条件の政治経済学』筑摩書房。
新藤宗幸，1996,『市民のための自治体学入門』筑摩書房。
玉野和志，2005,『東京のローカル・コミュニティ——ある町の物語1900-80』東京大学出版会。

サマリー

　現代では地域社会のつながりが非常にわかりにくいものになっている。それは地域においてかつてのような具体的な人と人とのつながりが稀薄になってしまったからである。今では同じ地域に住んでいるからという理由だけで親しくなるとか，具体的な集団

の一員になるということはなくなってしまった。それが地域というものの存在を見えにくいものにしている。しかし、だからといって地域社会のつながりがまったくなくなってしまったわけではない。むしろ形を変えて別の意味で強固な結びつきが存在している。それは地域を単位として作動する制度やシステムを介したつながりという意味である。ここでは、土地・空間を基盤として成立する制度や組織という観点から現在の地域社会の姿を浮き彫りにし、そこで支配的な役割をはたす国家や地方自治体の行政組織、人が生まれ育つ場としての学校や教育委員会、さらには市場と資本、政治とマスメディアというそれぞれの領域における制度のあり方を紹介しながら、今や地域は具体的な人と人とが関わり合う場という以上に、不特定多数の人々が制度の作動について政治的・社会的な意思決定を行うべき場となっていることを明らかにした。

SEMINAR セミナー

1. 自分が住んでいる地域の個々の土地や空間がどのように分類できるか考えてみよう。たとえば、特定の人しか入ることのできない空間、誰でも入れる空間、特別のルールを守らなければならない空間などなど。
2. そうやって分類した空間について、支配的な力をもっているのは誰かを考えてみよう。
3. 自分が生まれ育った地域で特別の感情や愛着を抱く場所を考えてみよう。そしてそこが誰によってどのように管理されている場所であるか、なぜ自分は特別の感情を抱くのかについて考えてみよう。
4. 自分が特別の感情を抱く土地・空間に関係するルールについて、あなたはどれだけの影響力を行使することができるか。そ

のことができること,できないことが,あなたの地域に対する態度とどの程度関係しているかを考えてみよう。

読書案内

M. カステル『都市問題――科学的理論と分析』山田操訳,恒星社厚生閣,1984

都市における労働力の再生産と集合的消費をめぐる都市計画と都市政策,それに対する異議申し立てとしての都市社会運動と都市政治に関する理論を展開したもの。翻訳なので少しわかりにくいところがあるが,英語版と読みくらべると理解しやすいかもしれない。

布施鉄治・岩城完之・小林甫『社会学方法論――現代における生産・労働・生活分析』御茶の水書房,1983

地域社会をとらえるための理論枠組みとそれぞれの視点について解説した,地味だが堅実な好著である。少々言葉遣いは堅いが,カタカナ言葉ではなく漢語的な表現で,むしろ日本人にはわかりやすいと思って読んでいくとよいだろう。

宮本憲一『都市経済論――共同生活条件の政治経済学』筑摩書房,1980

いわゆる都市の「社会的共同消費」に関する基本文献。カステルの「集合的消費」と同じような概念であるが,こちらは日本産の概念なので,日本語として私たちにはより理解しやすいはずである。

――――――――― 玉野和志◆

第4章 地域に生きる集団とネットワーク

生涯学習センターに集う絵画サークル（千葉県我孫子市。PANA 提供）

　第3章では，地域を空間的に枠づけている制度について考えてみた。ここではもう少しわかりやすいものとして，地域という場において人々が織りなす社会的な関係に注目してみたい。たしかに地域で人々が取り結ぶ社会的な関係は，実体的で見えやすい。しかし，それらの社会的つながりは別に地域という特定の空間と関連しているとは限らない。むしろまったく無関係なものとして展開している場合も多い。

　そこで，ここでも問題は現代の都市生活において「地域」とはどのような意味をもつのかということになる。一見，自由に展開している私たちの社会関係は，地域という空間的な範域とどのように関連していると考えればよいのだろうか。あるいは，まったくその関連を考慮する必要はないのだろうか。

1 人と地域の関わり

> 土台としての土地・空間

まず，原理的なところから確認しておこう。社会科学，とりわけ社会学の理論においては，人間があたかも宙に浮いた状態で互いに関係し合っているかのように扱われる場合が多い。つまり，その人が何を着ているとか，どこにいるかは問わずに，その部分は捨象して人と人との関係を論ずる傾向が強い。これでは当然，人と人とが結びつく具体的な空間に注意が向けられることはない。そこでまず私たちの行為がすべて空間的な場という物質的な土台のうえに展開するものであることを確認しておきたい。つまり人々の相互行為がネットワークを介した電子メールやSNSによって行われるのか，自転車で互いの家屋を訪ね合うことで更新されているのか，はたまた何らかの公共施設や喫茶店の存在によって維持されているのか，少なくともそのあたりまで抽象度を落として検討を進める必要がある。すべての相互行為は空間という土台のうえで物的なメディアを介してなされているということを，あらためて確認しておきたい。

> 定住と流動

さて，このように考えてみると，人間が地域という空間と関係するそのあり方には，2つの対照的な形態が区別できる。1つは地域と長期的に結びつくあり方であり，もう1つは短期的にしか結びつかないというあり方である。いわゆる定住と流動ということである。一方には特定の地域に相対的に長く関わる人々が存在し，他方にはつねにいくつかの地域の間を移動していく人々が存在している。基本

となるのはいわゆる住居であり、現住所である。そこは人々が夜の睡眠など休息をとるために帰る場所である。このような場所が特定の地域に長期的に固定している場合を定住、比較的短期で移動するか、そう見込まれる場合を流動と呼んでおく。

従来はどちらかというと定住が基本で、移動が例外のように見られていたが、近年の交通通信手段の高度の発達とそれにともなうグローバル化によって、むしろ移動が基本で、定住のほうが一定の条件を満たしたときに現れる一時的なものではないかというモビリティーズ・スタディーズの考え方が台頭している。かつての村落においても湯治とよばれる定期的な移動が存在したし、災害によって避難を強いられた人々が、被災地との関係を保ちながら長期的に帰還を望んだり、被災した自宅に通うといった現象など、考えてみれば、ライフステージによって移動することがむしろ常態であったともいえる。しかし、いずれにせよ具体的な土地や空間との関わりが重要ということである。

所有と利用 もちろん、人と地域の関わりは居住だけに限定されない。居住以外の目的で人々が地域と関わるさまざまな局面が存在する。その一般的な分類については第3章で述べたとおりだが、ここでは前述の2つの対照との関係で所有と利用の違いに注目しておきたい。この場合、所有は特定の土地・空間との比較的長期にわたる関わりを前提するのに対して、利用は一時的な場合が多い。したがって、特定の土地・空間に対して定住する人と流動する人、所有している人と利用するだけの人という対照が成立する。そして人と地域の関わりを考えていく場合、この2つの違いが基本的に重要な場合が多いのである。

都市のにぎわいや地域生活の安定を考える場合、そのどちらの

第4章　地域に生きる集団とネットワーク　75

人々を優先的に扱うかはきわめて論争的な問題である。従来，どちらかといえば，都市の華やかな部分は流動と利用という側面から，地域での生活という点では定住と所有という側面が事実上，優先されていたように思うが，ここではいつの時代でもこの両者が互いに刺激し合って地域生活が展開してきたことを確認しておきたい。近年，この側面がモビリティーズ・スタディーズとして注目されているわけである．

> 集団的に地域と関わる個人

もう1つ確認しておきたいのは，人と空間との関わりは，けっして個別的に想定できるものではないということである。私たちが空間と関わるとき，それはつねに社会的に行われる。それはかつてマルクスが人間の自然に働きかける労働はつねに集団的になされると看破したことと同じである。自宅のトイレで用を足すという行為も，そこをトイレと認め，ノックなしにみだりにドアを開けないというルールが他の人に守られてはじめて成り立つ空間との関わりである。特定の個人と特定の空間との関係は，つねに他の人々との関係を前提として成立している。言い換えれば，特定の空間の成立はその背後に独特の社会の存立を予測させるということである。

じつは，このような言明が多くの人々に自明のこととして受け入れられるならば，本章の課題はかなりクリアされたことになる。つまり私たちが織りなす社会的つながりは，地域と無関係であるどころか，じつは地域という空間そのものを構成するものにほかならないということである。かつての村落の場合も，家と家との関係が同族や組の結合として特定地域に累積しているという事実をもって，その社会関係が地域的であると比較的安易に納得していただけのことであって，じつは農地や森林をめぐる労働が集団

Column ⑦ 空間論への注目

　近代という時代は交通機関やマスメディアの発達によって人間が空間的な制約から自由になっていく時代であった。それゆえ近代の社会科学はこれまで人と人との関係を空間的な文脈からは切り離して考察する傾向が強かった。ところが、環境問題の高まりや都市計画への批判を契機として、ある時期から社会のあり方を空間的な構造との関係で考察したり、人と人との関係をその空間的なあり方のなかでとらえることの必要性が叫ばれるようになった。いわゆる空間論への注目がそれである。

　その代表的なものとしてH. ルフェーブルの「空間の生産」やD. ハーヴェイの「建造環境」などの議論がある。そこでは、人と人との関係を空間から切り離して考える発想は、土地や空間の商品化を推し進める資本主義の論理に基づくもので、それを前提としていたのでは人と人とが社会的に結びつきながら、それぞれの生を営んでいく人間的・社会的な世界をとらえることはできないと主張されている。人々は具体的な空間のなかで自分たちの営んできた生活の歴史や過去や未来の人々との社会的な結びつきを確認するのであって、環境や空間の破壊はそれら民族や市民の歴史的連続性を断ち切ることになってしまう。それゆえ環境問題や都市計画をめぐっては真に民主的で自治的な決定が求められるわけである。

的に組織されていたことこそが、それを地域的にさせていた事の本質であったと考えることができる。とすれば、都市空間をめぐる人々の社会関係も、けっして単純に地域と無関係に展開しているのではなく、必ずしも特定地域に累積しないようなかたちで都市空間と関連し、むしろそれを構成的に生み出していると見るべきなのである。

　いきなり事の本質に関わる議論へと飛躍してしまったが、まずはわかりやすい事実の側面から1つひとつ確認していくことにし

よう。

2 制度，組織との接点

> 個人，集団，組織，制度

さて，人と人との社会的なつながりは，いうまでもなくその最小の単位を個人においている。複数の個人が集まって持続的なつながりが生まれてくると，それを集団と呼ぶ。ここまではあくまでも特定の個性ある個人を単位として成り立っているものだが，これが決められた役割を果たす個人であれば誰でもいいようなかたちにまで形式的に整備されてくると，それは組織と呼ばれる。さらに複数の組織からなる全体的な関連が，通常は文書によって規定されることで，恒常的に確定されるようになると，それは制度と呼ばれるのである。

地域生活を例にとれば，買い物や子どもの送り迎えの際に気の合った同士で決まって井戸端会議をする仲間ができれば，それは集団である。この仲間を母体にして地域の一人暮らしのお年寄りにお弁当を届けようという活動が始まり，いわゆる給食ボランティア団体としての体裁が整ってくると，それは組織と呼ばれる。さらにこの団体が介護保険法に基づく認可を受けるならば，地域福祉という分野における国の制度のなかに位置づけられることになる。

じつはこれまで社会学が得意としてきたのは，集団ないし組織のレベルまでで，制度については法学や経済学にゆだねてきたところがある。したがって集団や組織が特定の地域に累積しているうちは安穏としていられたのだが，現在のようにそのような地域

的な集団が存在していなかったり，あってもそれほど重要でなくなったりするようになってくると，地域生活を対象とする社会学はいったいどうすればよいのかということになってしまう。少なくともこれまで得意としてきた集団や組織の分析だけでは，「地域」をとらえることがむずかしくなったのである。そこで工夫されてきたのが，次節でふれるネットワーク分析の視点である。しかし，それだけでも足りないというのが，ここでの筆者の主張である。ネットワーク分析は制度との関わりという視点に補われてはじめて，その潜在能力を十分に発揮することができるのである。次にもう1つわかりやすい議論を確認したうえで，そうした点に進んでいくことにしよう。

家庭，職場，近隣，社交

個人→集団→組織→制度という区別は，具体的な人間の身体からもはやそれには依存しない社会的な構築物への一連の展開を念頭においた社会学の古典的な概念である。このような概念だけでは地域や空間との関連が捨象されてしまうことはすでに述べたとおりである。そこで村落や都市を扱ってきた社会学の分野では，社会の領域や空間に着目した独自の概念が工夫されてきた。鈴木栄太郎が提示した「世帯と職域」という区別や（鈴木 1957），磯村英一の「第三空間」などの概念（磯村 1959）がその代表的なものである。ここではもう少し単純に，家庭，職場，近隣，社交の4つを区別しておきたい。

　家庭とはいうまでもなく，現住所として存在する住居という空間から予測される社会的つながりである。これに対して職場は，経済的な生産の場と関連している。現代の都市生活において両者は空間的に分離している場合が多いが，都市においても自営業などのローカルな資本の場合は，空間的に重なる場合があって，こ

のことが非常に大きな意味をもつことは，前章で述べたとおりである。

さて，問題はこのどちらにも属さない社会的なつながりをどうとらえるかである。ここでは，比較的住居の近傍で家庭とは異なる社会的なつながりが存在する場合に，これを近隣と呼んでおく。それ以外の，住居とは無関係に展開する社会的なつながりは，たとえそれが特定の空間や施設と関連していたとしても，近隣とは区別して社交としておく。これはあくまで地域生活をテーマとする本書の設定に依存するもので，あえて近隣を加えているのはそのためである。一般的には，家庭と職場とそれ以外に分けるのが適当であろう。

> 制度によるつながり

ところで，この家庭，職場，近隣，社交という概念は，いずれも個性ある個人を単位とした集団レベルの概念であることを確認しておきたい。たとえば，ここで職場というのは公式的に制度化されている会社の部課組織と同じではない。いわゆるフォーマルな組織に対するインフォーマルなグループを意味している。かつての職業社会学がこの職場におけるインフォーマル・グループの探求を主たる課題としたように，社会学が独自に対象としてきた領域である。したがって，これらの概念はいずれもそうした社会的なつながりが形成されてくる背景としての制度や組織の空間的な性質に注目して区分されているわけである。いうまでもなく，家庭の背景には家族という制度があるし，その空間的土台としての住居のありようには住宅政策が大きな影響を与えている。職場はもちろん，企業組織や市場という制度によって強く規定されている。近隣や社交についても，何らかの組織や制度との関わりが存在する。たとえば，町内会や生協の班などの組織は明らかに近隣が成立する基盤

となっているし，震災や石油の流出事故の際に全国から集まったボランティアの背景にはインターネットやマスコミなどのメディアの果たした役割が大きい。このように，社交だけが比較的，特定の具体的な空間や場所と結びつくのではなく，電子メディアなどによって創出される独特の空間的世界を背景とする点が異なっているだけである。

　さて，このような道具立てを用意しておくと，現実の地域に展開する社会的な関わりの世界をとらえる場合に，たんなる集団レベルの分析だけではなく，それらの集団を形成する機縁となった制度や組織との関係が浮かび上がってくる。また，それらの1つひとつについて特定の地域的空間と持続的な関係を結ぶのか否か，という定着と流動という視点をも組み合わせていくならば，かなりのことが見えてくるはずである。

　たとえば，高台の高級住宅街の下に商店街が広がっている地域を考えるとき，従来の見方ならば，高台には奥さん方の近隣関係が若干広がるだけで，町内会といってもさしたる活動は存在せず，むしろ商店街の町内会活動の活発さとそこに広がる下町の人間関係にだけ社会学的な関心が向けられたことだろう。それが，制度との関わりに注意していくならば，高台の奥さん方の近隣関係の背後に子どもの教育をめぐる学校という制度や家庭での食事に関して生協組織が進める運動との関連が見えてくるかもしれない。また，商店街を構成する零細自営の小資本が，後継者を得て今後もこの町で営業を続けていく見込みをもてていることが下町の人間関係を維持し，町内会活動の活発さをもたらしているだけのことであって，一部には店舗を人に貸してこのような近隣関係から抜けつつある人々が存在しているかもしれない。しかもそのようにして外部資本がこの町に入ってくる背景には，高台の高級住宅

街に最近流入した成金たちの消費性向が, 古くからこの町に住んでいた人々のそれとは異なりはじめたことが影響しており, 後継者を得て営業を続ける古くからのお店がかもしだすこの町ならではの個性が引き続き支持されるのか, それともどこにでもあるような流行のお店が増えていくことを町の発展とする考えが支持されていくのか, じつは高台の住宅地でも, 下町の商店街でも, 同じようにこの地域を今後どのような町にしていくかが問われているのだ, という具合に分析の視野が広がっていく可能性をもつ。しかも, この架空の例に示唆されるように, このような視点をとるならば, そこに関与するアクターはけっして特定の地域に限定されないにもかかわらず, この特定の地域が非常に重要な意味をもつ立論が成り立ちうるのである。

また少し議論が先走りしてしまった。次には人々の社会的つながりの背景となる制度の内実について, いくつか基本的なことを確認しておこう。

企業と行政のもつ力

人々が社会的なつながりを形成する場合に, きわめて強力な後ろ盾になる制度とそうでもない制度が存在する。たとえば職場と家庭を考えた場合, 日本では仕事の都合が優先されて家族の都合はないがしろにされることが多かった。いわんや地域の都合などはほとんどおかまいなしというのが, 残念ながら一般的な傾向であろう。現代の資本主義社会において市場と企業の制度としての強靭さは群を抜いている。時としてそれは, 人間の生命や人権すらも軽んじてしまうほどである。水俣病に代表される公害の歴史やエイズ以降も後を絶たない薬害の実情を見るにつけ, そのことは認めざるをえまい。これと並んで, 時として市場や企業すらもがんじがらめにしてしまう制度として, 国家の行政官僚機構がある。日本の場合, これ

が日本株式会社として戦後の急成長を支えると同時に，その後はネオ・リベラリズムのもとでの規制緩和とDXなど公共サービスの情報化＝産業化の必要性が叫ばれるに至っている。経済と国家，企業と行政をとりまく諸制度は，現代において最も尊重されていると同時に，強い権力をもった制度である。これは地域生活を考えるうえでも，同様である。たとえば都市計画や地域開発が推進されていく過程で，企業の利益や行政の都合には事実上かなり高い優先順位が与えられるが，個々の家庭や近隣の諸集団の意見が受け入れられるには非常な努力が必要とされるのである。

個人を支える家庭と地域

したがって，私たちの生活が企業や行政によってすべて保護され，守られているならば，きわめて幸せなことなのかもしれない。事実，ある時期までの大企業雇用者や公務員にはそのような現実感があっただろう。しかし最近ではそのような期待が根拠のないものであったり，本来あるべきものでもないことが明らかになっている。むしろ人々は自らの努力と判断で自らの生活を守り，そのために信頼できる企業や商品を選び，時として行政に必要な処置を政治的に求めていくことが必要とされるのである。

戦後，このような自ら判断し責任のとれる強い個人の成熟が民主主義社会の前提として求められたこともあったが，いまや再保守化の延長線上での自己責任が強調されるというかたちで，いやおうなくそのような個人への転換が前提とされているのである。しかし，そのいずれの文脈においても問題にされないのは，そのような個人の成立がどのような社会的つながりによって支えられるのかという視点であった。筆者はこの点で，経済的でも行政的でもない家庭や地域をはじめとした社会的つながりこそが，そのような自立した個人の存立を保障するものであると考えたい。

第4章　地域に生きる集団とネットワーク　83

したがって戦後日本の近代化が，一方で民主主義社会への転換をうたいながらも，他方で家庭や地域での人々の社会的つながりをおしなべて封建的とすることで何ら尊重しなかったことが，かえってそこでの社会的な制度の力を弱めることになり，結局は企業と官僚の支配にきわめて脆弱な個人を大量に生み出す結果を招いてしまったと考えられる。この意味で，現実に今，非常に力は弱くなっているとはいえ，個人を支える家庭や近隣，社交の世界の後ろ盾となる社会的な制度を軽視するわけにはいくまい。いわゆるボランティア団体にせよ，地域をめぐるさまざまな慣習やつながりにせよ，それぞれ正当な評価が与えられるべきである。

3 ネットワークの視点

ネットワークと集団　　ここまでの議論で，一方にはさまざまな空間や場所と結びついた制度や組織が存在し，他方にはそれらを後ろ盾としつつも独自に展開する社会的世界が集団や個人によって構成されているという構図が明らかになってきた。そうすると問題は，地域という空間がそこでどのような位置づけをもつかということである。すでに述べたように，かつての村落ならば，制度や組織自体が限られた地理的空間に強く準拠していたがゆえに，特定の地域に多くの集団が累積して独自の社会的世界を構成していた。したがって社会的世界を対象とする社会学は，とりあえずはこの集団を分析の対象としておけばよかったのである。ところが，都市化によってこのような集団が失われていくと，それまで明快であった分析の対象が見えにくくなってしまった。そこで工夫されてきたのが，社会的ネットワー

クという概念やネットワーク分析という手法である。

　ネットワークという概念は，特定の成員からなる集団の成立を前提としていない。あくまでも個人と個人の限定的なつながりそのものを分析の単位としている。したがって特定の集団によってではなく，その時その時の人と人とのつながりの連鎖のなかで社会的世界が展開する都市的な状況には，きわめて適合的な分析概念である。集団はそのようなネットワークの連鎖を追いかけていった結果，事後的に発見できる場合があるだけのものと想定し直される。そうすると，集団が見えにくくなった状況においてそれが発見できる可能性が留保されるだけでなく，たとえそれが見出されなくとも，ネットワークというとりあえずの分析対象を確保できるのである。

　そうすると，地域社会は個人を単位としたネットワークの連鎖の全体として描くことができ，それらのネットワークの密度が高い部分に集団が発見されるという明快な図式が成立する。たしかに現代都市における社会的な世界は，まさにそのような様相のもとに描かれるべきものであろう。かくして社会的ネットワークの測定と分析が，都市社会学研究の主要な領域とみなされるのである。

ネットワークと地域

　ところが，このようなネットワーク分析をいくら積み上げていっても，いっこうに明らかにならないことがある。それが地域という空間の位置づけである。たとえばネットワーク分析の結果は，往々にして人々のつながりが地域という空間を越えてだらだらと広がり続けるという結末になることが多い。これでは，そもそも地域という空間は意味がないと結論づけざるをえまい。さらに，首尾よく特定の地域的空間に凝結するネットワークの様態が描き出せたとしても，

第4章　地域に生きる集団とネットワーク

それがなぜ成立するのかという説明の論理をネットワーク分析そのものは，けっして提示できないのである。そもそもネットワークという概念は物事を記述するには非常に汎用性の高い概念であるが，それそのものを説明の道具に使おうとすれば，逆に適合する対象がきわめて限られたものになるという性質をもっている。少なくとも，ここで課題となる地域との関係を説明する道具立ては，ネットワーク分析とは別立てで用意すべきであろう。

そのような道具立てとして提案したいのが，すでに再三再四先走りして説明を加えてきた空間や場所と結びついた制度や組織との接点という視点である。ネットワーク論の用語でいえば，ネットワークの「文脈」とか，ネットワーク形成の「契機（きっかけ）」と呼ばれるものである。たとえば，男性のネットワークが職場を中心とするのに対して，女性のネットワークが家庭や近隣に集中するのは，いうまでもなく性別役割分業という制度の存在を無視しては説明できないだろう。つまり，特定の個人がどのようなかたちで地域と関連するネットワークをもつか，もたないかは，その人がどのようなかたちで地域と結びついた組織や制度のなかに位置づけられているかによっている。男性よりは女性が，グローバルな資本よりはローカルな資本に結びつく人のほうが，より近隣でのネットワークを発達させることであろう。

じつはネットワーク分析の強みは，このような個人を単位とした社会的ネットワークの構成と個人が占める制度上の位置を関連させてとらえることのできる点にある。この点を突き詰めていくならば，もう1つ社会学がかつて得意としていて，現在はあまり活用されることのない概念に導かれていく。それが社会学的な意味での「階層」という概念である。

Column ⑧ 生活構造論と社会的ネットワーク論

　日本の社会科学では戦前から「生活構造論」と呼ばれる独特の研究領域が存在した。古くは生活時間や家計費の研究において人間生活には動かしがたい基本的な枠組みが存在するという議論であったが、都市社会学の領域では諸個人が社会構造にそれぞれ関与する形態をとらえる概念として、主として集団参加構造として問題にされてきた。その後、このようなアプローチは都市生活者の消費行動を中心とした生活の組み立て方のパターンに注目する研究へと進展し、諸個人のライフ・スタイルや意識・文化論へと展開していく。

　このような個人を単位とした分析概念は、世帯や集団が社会構造の中心ではなくなっていった都市社会において、とりわけ有用な概念として活用されるようになる。同様の事情から現代家族の研究やアフリカ都市の人類学的な研究から注目されるようになっていったネットワーク分析の手法とも絡み合いながら、現在では社会的ネットワーク論という1つの研究領域を形成している。日本の都市社会学には、この社会的ネットワークの形成をめぐる非常に多くの実証研究が蓄積されている。しかしながらそのようなネットワークの形成が都市社会のどのような制度や空間と関連していて、それが都市全体の構造にとってどのような意味をもつかというレベルへの議論の展開は今後の課題として残されている。

ネットワークと階層

　社会的なつながりを形成するうえで、強力な後ろ盾となる制度もあれば、そうでない制度もあるという議論をしてきたが、それはすなわち制度の側にヒエラキカルな格差が存在するということである。じつはこれと関連しながら、そこで形成される社会的つながりや、それに関与できる人とできない人との間にも、階層的な隔たりが生まれてくる。つまり諸個人が占める制度上の位置に基づいて、それらの後ろ盾をもちうる人々だけが構成しうるネットワークというも

第4章　地域に生きる集団とネットワーク　　87

のが形成され，それが社会的世界に階層的な分化をもたらす強い根拠となっていくという現象である。これが社会学的な意味でいうところの階層である。そしてさらに重要なことは，このような階層的な隔たりが地域との関わりという点と有意に関連するという事実である。たとえば日本の場合，グローバルな資本やナショナルな官僚機構に属する人は，一般に階層が高いと同時に職場を中心としたネットワークを形成し，近隣にはほとんど関わらないのが普通である。これに対して，中小零細自営のローカルな資本を支える人々や家庭での役割に拘束されている主婦が，おもに近隣の社会的ネットワークを発達させている。階層の高い人は移動のコストが苦にならないために，特定の地域的空間に拘束される度合いが低いのに対して，階層の低い人は移動のコストゆえに特定の地域にこだわらざるをえないのである。両者の社会的ネットワークは，空間的な広がりや地域的拘束の点で自ずと異なってくる。いきおい両者は交わることが少なくなり，階層的な格差と分離はそれだけ大きくなる。

　つまり，現実の社会は複数の個人からなるネットワークの総体として，少なくとも現象的には描かれるのかもしれないが，その背景にはさまざまな序列と格差をもった制度が存在し，かつまたそれが空間的な秩序を伴ういくつかの階層へと分離していることを読み込んでいく必要がある。この意味でも，ネットワークの視点を空間的に組織された制度との関連で活用していくことが求められるのである。

　　選択する個人の主体性　　しかし，ネットワーク分析をこのように活用することには，若干の抵抗を感じる人も多いかもしれない。なぜなら，ネットワーク分析はもともと選択する個人の主体性をとらえることを主眼としたものだからで

ある。そのような活用の仕方ではむしろ構造的な制度によってすべてが決まってしまうというふうにしか理解できないのではないか，という疑問がありうる。個人の主体性を日々行われる日常生活上の選択行為に求めるならば，そうかもしれない。それ自体はたしかに個人の自己表現であり，それなりの主体性であろう。しかし，社会学が問うべき歴史的な主体性はもう少し別のレベルのものではないだろうか。それはむしろ構造的な制度のあり方そのものを変更していこうとする営みであり，それは諸個人の日々の選択行為と切り離されたものではないが，しかしそのレベルだけでとらえられるものでもない。むしろ，自らを拘束している制度そのものをとらえ直そうとする営みである。この意味で人と制度をつないでいく側面，人が制度に働きかける局面こそが，人間の主体的選択の場面としてより重要であろう。

　最後に，この点について地域生活との関連でいくつかのことについて論じておきたい。

4 人と制度をつなぐもの

制度がもつ隠然たる権力

　人がいかなる制度のもとでも，それらをとらえ直し，組み替えて自らの選好を示すことは確かである。しかし，もう一歩進んでそれら制度の不都合を克服しようとする人は少ないかもしれない。逆にいえば，いったんできあがった制度はそのまま維持される傾向をもつ。しかもその維持が支配的な人々の利害と結びついている場合はなおさらである。この点でかつてから日本で問題になってきたのが，行政権力の優越という問題である。法に基

づく支配という統治形態が成立して以降，制度を生み出す法技術は決定的な力をもつようになった。これはどこの国でも多かれ少なかれ見られる傾向であるが，日本の場合，法の策定過程を官僚が一手に握ってきたという点に特徴がある。法を生み出すことによって制度をコントロールする官僚機構が，適切なリーダーシップを発揮することで明治維新後の急速な近代化も，戦後の復興・高度経済成長もうまくやってきたことは事実であろう。しかし同じ仕組みが戦争への道をひた走り天皇制ファシズムを成立させたこともまた事実である。バブル経済の崩壊以降，日本経済がグローバルな構造変動にさらされるなかで，このようなリーダーシップのあり方が問われているのである。

行政権力の相対化　法を介して制度をコントロールすることで社会を動かす。これが現代において最も有効かつ合法的な社会技術である。言い換えれば，最も正統的な「政治」なのである。この実質的な政治過程が選挙という民意の洗礼を受けることなく，ひたすら試験という自己選別の過程しか経ない専門家集団にほぼ独占されてきたというのは，いかにも不自然なことである。場合によってはたいへん機能的なこともあるが，すでに述べたように決定的な機能不全に陥ることもあるし，なにより人間が自らの人生と歴史に責任をもつという意味での自治や自立，さらには民主主義の原則から外れたものであることを認識する必要がある。

それでは，行政権力の相対化はいかにして可能なのだろうか。

議会による政策決定　その方策として民主主義社会において最もオーソドックスなやり方が，議会主義の活用である。官僚ではなく，選挙の洗礼を受けた議員のイニシアティブで法案が策定され，政策が立案・実行されていけば，少

なくとも官僚の力は相対的に弱められ，住民も自分たちに利益のある法案をつくってくれる議員に一票を投じるだけのはりあいを感じるというものである。M. ヴェーバーが言うところの「行動する議会」であり，日本でもかつて五十嵐敬喜らが提唱したものである（五十嵐・小川 1993）。

> 挑戦するNPO

もう1つ，ある意味ではよりラディカルな方策として，市民が直接政治や行政に参画していくというやり方が存在する。情報公開やオンブズマン制度をめぐる動きだけでなく，いわゆるNPO・NGOをめぐる胎動がそのような機能を果たすものとして期待される。

もちろんそれらは手放しで期待できるものではなく，そこにはつねに強大な官僚機構の側からの包摂の可能性が横たわっている。かつての住民参加行政がそうであったように，NPO法案における免税措置をめぐる攻防や介護保険法に基づくボランティア団体の指定などに，そのような古くて新しい問題機制を読み取るべきなのである。

> アリーナとしての地域
> 生活と地方自治体

そして，そのような試みとせめぎ合いが生じる戦略的な舞台として，人々の地域生活と地域を物理的にどうするかをめぐる制度レベルでの攻防の展開する地方自治体がクローズアップされてくる。都市や地域をめぐる社会学的な研究は，人々の社会的ネットワークと集団形成のはざまに階層性をもって展開する政策や制度をめぐるせめぎ合いに敏感であることが求められているのである。

引用・参照文献

五十嵐敬喜・小川明雄, 1993, 『都市計画——利権の構図を越えて』岩波書店。

磯村英一, 1959, 『都市社会学研究』有斐閣。

鈴木栄太郎, 1957, 『都市社会学原理』(鈴木栄太郎著作集 VI, 未來社)。

Weber, M., 1917, "*Parlament und Regierung im neugeordneten Deutschland.*" (＝1975, 中村貞二・山田高生訳「新秩序ドイツの議会と政府」『世界の大思想３ウェーバー』河出書房新社)

Summary

　地域には，さまざまな人と人との関係が展開している。それはたんなる関係としてのネットワークとして存在する場合もあれば，もう少し組織化されて集団として機能している場合もある。それらは社会学の対象として基本的なものである。しかし，それらの集団やネットワークは必ずしも特定の地域と関連しているとは限らない。それゆえ社会学は，それらを一般的な社会としてだけ扱い，地域や都市空間との関連で扱うことが少なくなっている。それはすなわち，現代において地域が見えにくくなったことの表れでもある。特定の地域集団を分析していけば，地域社会が見えてくるということがなくなったのである。そこで工夫されてきたのが，集団ではなくネットワークとして社会をとらえる方法である。ここではさらに，これらの社会的ネットワークが形成・維持される背景や文脈としての地域的・空間的な制度やその階層的な編成を視野に収めることで，現代における地域を社会学的に把握する方法について考えてみた。

SEMINAR セミナー

1. 自分自身が日頃から取り結んでいる人との関係を具体的に数え上げてみよう。そのうえでその空間的な範囲を考察し、かつそれぞれの背景となっている集団や制度の存在について考えてみよう。
2. 自分自身が関わっている人々の関係を集団といえる部分とたんなるネットワークと思われる部分とに分けて具体的に数え上げてみよう。そのうえで両者にどのような違いがあるか考察しよう。
3. あなたが日頃接触する人々のあなたとの力関係を考えてみよう。そのうえでその力関係がどのような制度によって保障されているかを考察しよう。
4. これまで考えたことに基づいて、自分自身の現在の生活がどの程度地域的であるかを考えてみよう。また、それはなぜかを検討してみよう。

読書案内

野沢慎司編・監訳『リーディングス ネットワーク論』勁草書房,2006

いわゆる社会的ネットワーク論に関する代表的な論文の翻訳集。ネットワーク論の全容を知るうえで大変便利なリーディングスである。

松本康編『東京で暮らす――都市社会構造と社会意識』東京都立大学出版会, 2004

東京を対象とした調査のデータから社会的ネットワークを中心とした分析を行ったもの。東京とそこで暮らす人々の姿を理解することができる。

森岡清志編『都市社会のパーソナルネットワーク』東京大学出版会, 2000

年賀状に基づいてパーソナルネットワークに関する詳細な調査データの分析を行ったもの。都市社会学におけるネットワーク分析の実際を知ることのできる文献。

H. ルフェーヴル『空間の生産』斎藤日出治訳，青木書店，2000

空間と社会についての関係をあらためて考察し，空間論についての注目をもたらすことになった文献。むずかしく理解しようとする人が多いが，ごく単純な話だと思って読むとよい。たしかに本来は哲学の書物なので，それなりの素養が必要だが，何となく感じ取ることも重要である。

 玉野和志◆

第5章　地域が歴史を創り出す
　　　　歴史が地域を造り出す

名古屋城本丸御殿と天守閣（名古屋城総合事務所提供）

　2008年の本書初版刊行時には未着工だった旧国宝の名古屋城本丸御殿は、2018年に復元落成した。さらに名古屋市は、同じく旧国宝でアメリカ軍の空襲によって焼失した後、コンクリートで再建されていた大小天守の木造復元に着手した。しかし石垣の保存復元という技術的難題に加え、復元した建物のバリアフリー化という社会問題も抱えて事業は遅延し、2024年の今も着工していない。

　地域の歴史を社会学の立場から考えることは、じつは簡単ではない。なぜならば、歴史は社会によって創り出されるものであり、現在の社会の成り立ちと深く関係するからである。その一方で歴史を遡ることは、しばしば現在の社会の特殊な成り立ちを暴露する。本章では、地域が歴史を創り出す次元と歴史が地域を造り出す次元に分けて、この問題を丁寧に考えてみたい。

1 地域の歴史を考える

社会が歴史を創り出す

社会学の立場から地域を考えるとき,とくに歴史に注目する意義は何だろうか。国家の歴史をめぐる論争の盛んな現代社会では,「あらゆる社会は歴史をもつから,その成り立ちを,歴史を通して理解するのは当然だ」とは必ずしもいえない。国史論争は,史実の選択や解釈に関するさまざまな思想や政治的立場があって,それぞれ異なる歴史を主張するために生じる。つまり歴史が現在の社会を築き上げたのではなく,現在の社会が歴史を創り出すのだ。社会学が常識を科学的に反省する知的行為であるならば,このような,現在の社会が歴史を創り出す過程にとくに注目しなければならないだろう。

たとえば脱工業化した日本の市町村の多くは,企業誘致や宅地造成,大規模集会施設の建設といった,いわゆるハコモノ行政から,市民のアイデンティティの育成や「交流人口」(ひらたくいえば観光客)の増加をねらった文化振興・イベント開催へと政策をシフトさせている。そして,そこでは未来への期待ではなく,過去への愛着が語られるようになってきている。同じハコモノでも,流行歌手のショー会場としての文化会館ではなく,近世の城郭の再現や昭和の町並みの保存を志向するようになってきているのである。それらは歴史学の成果をある程度踏まえているが,それ以上に,それらを享受する市民や観光客のおもしろさを求める心情に訴えるように進められる。むしろ歴史学の成果は,おもしろさをヒートアップさせるために選択され,動員されるとさえいえる

だろう。

　だから，地域の歴史を社会学的に考えることは，まずそれが創り出される過程を解読することである。社会学方法論の近年の流行である構築主義や言説分析は，その際大いに役に立つ。もっと積極的に，社会学は公共的実践の一端としてこの過程に参加すべきであるといえるかもしれない。残存する建築物や，口承された説話，歴史学の成果といったさまざまな素材を，市民運動や自治体行政が地域の歴史として編み上げていく作業に，調査者や構成作家として貢献するのである。

社会の歴史的起源を探り当てる

　しかし常識の科学的反省という社会学の目的を踏まえると，地域の歴史を考えることには別の可能性があることに気づくだろう。それは現在の地域の歴史的起源を探り当てることである。これは一見冒頭に挙げた素朴な歴史決定論と同じに見えるが，次の点でまったく異なる。第1に，歴史決定論は現在の社会の姿に正負いずれにせよ強い価値を置くが（「美しい国」とか「何よりもだめな日本」とか），それをしない。逆に歴史的起源を探り当てる作業を通して，現在の社会を別様に見直したり，未知の側面を発見したりする。そのとき現在の社会の姿は，極端な言い方をすれば，歴史を遡るためのきっかけや索引にすぎない。

　第2に，素朴な歴史決定論は現在の社会の姿に強く関連づけられた，一貫した筋をもった物語（史観や主義）を用いるが，それをしない。逆に物語に断絶を，事実の積み重なりに断層を見出して，現在の社会の姿の特殊な成り立ちを暴露する。ちょうど，フロイト派の精神分析医が患者の幼児期の記憶に遡り，抑圧された経験を認識し直させて，現在の病を生み出す意味構造を変えようとするのと同じような知的操作を，社会の分析にも適用できると

思われるのである。

> 社会と歴史の対抗的相補性

以上の考察を踏まえて、本章では地域の歴史を社会学的に考えるという課題を、現在の地域が自らの歴史を物語として創り出す過程を解読することと、現在の地域を造り出した歴史的起源を新たに探り当てることの2つの次元に分けて考えてみよう。以下では、前者を「地域が歴史を創り出す次元」の研究、後者を「歴史が地域を造り出す次元」の研究と呼びたい。ここまでの考察で明らかなように、地域の歴史的起源を探り当てることは、地域が創り出す歴史に新しい素材を提供する。しかし、逆にその成果が今まで信じられてきた地域の歴史を批判し、その実効性を揺るがす場合もある。後で述べるように、地域が歴史を創り出す過程が、現在の地域の成り立ちを左右する、政治的と呼んでもよいような意義をもつことを考えれば、「地域が歴史を創り出す」次元と「歴史が地域を造り出す」次元の協働と対立を、地域社会のダイナミックな政治過程の一部とみなしてもよいだろう。

2 地域が歴史を創り出す次元の諸問題

> 歴史を創り出すことをめぐる諸問題

地域が歴史を創り出す次元を分析する際の基本的な問題をいくつか挙げてみよう。
第1に、誰が歴史を創り出すのか、歴史創造の主体は誰かという問題がある。この一番素朴な解答は2つあって、1つはその地域を支配する（しばしば域外の）権力者であるというもの、もう1つはその地域に居住する市民すべてであるというものである。しかし実際には、両者を極限値とする、複

数の異なる主体間の協働と対立を通して,歴史は集合的なかたちで創り出されるといえるだろう。

　第2に,創り出される歴史の内容は何か,人々は何を歴史と考えるのかという問題がある。人々の行為や,それによって集積されるモノ(建造環境や自然景観)やできごとなのか,またはそれらをひと連なりの文字に置き換えた,物語としての歴史なのか。この区分は第1の問題と関係する。行為やできごとを生み出すのは市民だが,物語としての歴史を生み出すのは,多くの場合その手段を独占する権力者である。もっともその逆に,権力者が用意したモノやできごとを市民それぞれが本来の企図とは別様に口承したり,記録したりする場合もある。

　第3に,何のために歴史を創り出すのか,歴史の政治的機能は何かという問題がある。この一番素朴な解答は,地域の集合的アイデンティティの調達というものである。しかし実際に創り出された歴史が地域の社会的存立や政治的安定をたしかに支えているかどうかは自明ではない。別の目的,たとえば個人次元の文化消費の1つ(たとえば「小京都ブーム」)としてや,公的団体の半義務的な事務作業の1つ(たとえば自治体周年史の編纂)としてなどの場合,その機能は間接的なものにとどまるだろう。また,政治的という言葉を用いたように,この問題には現在の地域の対立や矛盾が最も現れやすい。現在の地域とは異なる範囲や支配的主体を取り上げることによって,歴史は政治的変動の設計図のかわりになることがある。

| 私人が創り出す私的な歴史 |

　これらの問題をより具体的に考えるために,1つの挿話を示そう。私の母方の曾祖父は石川県野々市市(金沢市西隣)の地主だったが,生家の経済的没落のなかで歴史研究にめざめ,後

半生をそれに捧げた。彼の仕事は在野の郷土史に属するもので，大学の歴史学者たちからはほとんど顧慮されなかった。彼の著作は生前1冊も刊行されなかったが（本人も刊行を望んでいたかどうかわからない），死後同じ在野の郷土史家の厚意によって発掘され，2冊が刊行された。ともに彼の郷土の町にかつて存在した武家と寺院の歴史を調べたものである。その他に近隣の別の寺院の歴史に関する私家本があり，さらに彼の郷土を含む旧国加賀の通史的史料集の原稿が遺されていた。

　没落地主として最後は郷土を離れた（墓も東京にある）彼が，どのような心情から歴史研究に沈潜したのかは，大学の職業学者の私にはよくわからない。ただし，上京後東京帝国大学史料編纂所の著名な教授の知遇を得，そこでも研究を進めた彼の記した歴史が，あくまで郷土とそこに住む人々の交流，そこに遺された史料に基づいていたことは確かである。彼は自らの手で郷土の歴史を創り出そうとしたのである。

　問題は彼の考える郷土の範囲である。遺稿は『加賀史料集成』と名づけられていたので，最晩年の彼が研究の範囲を郷土の町から旧国加賀へと広げていたことが想像される。死後刊行された2冊にもそれぞれ「加賀」の名が冠されていた。こうなると，彼が郷土の町に固執したかどうかは確かでなくなる。彼にとって郷土とは野々市市だったのか，加賀国だったのか。

　じつはこの問題がより明らかになったのは，彼の遺稿が石川県の事業である『加能史料』の刊行のきっかけとなったときである。遠い遺族の1人である私は，県立図書館を訪れて遺稿と事業との関係を聞くことができた。東京大学国史学科出の担当官の説明では，彼の業績は高く評価しているが，『加能史料』はあくまで加賀，能登両旧国を起源とする石川県の公的事業として新たに始め

られるものであるとのことだった。それはもっともだと思いつつも，私は，曾祖父が歴史に込めた心情がそれとは別にあることを強く感じた。

この挿話から，先に述べた問題に関わる興味深い論点を取り出せるように思われる。第1に歴史を語る主体についてみれば，曾祖父の私的史料集と県の公的史料集はけっして混交できない。公史の場合，「ここからここまでは地元の誰々さんが書きました」とはいえないのである。逆に，誰々さんではない書き手を公史は必要とする。私の知るかぎり，その中心は郷土に根ざさない大学の職業学者たちである。もちろん地元の好事家や公立高校の歴史教師なども関わるが，そうした人々だけで公史が書かれることは決してない。大学の職業学者たちは国家次元の歴史（国史，日本史）の専門家だから，彼らの書く歴史は，曾祖父のように郷土から拡大・増補していくようにではなく，国家から縮小・分割していくように書かれる。喩えていうなら，それは日本史という大企業の一地方支社である。

第2に歴史の政治的機能についてみれば，担当官が強調したように，石川県の公的史料集は行政的には必ず『加能史料』でなければならないようである。しかし，純粋に歴史学的には『加賀史料』と『能登史料』であってもよいはずである。2つの旧国は異なる歴史をもっているし，おそらく曾祖父がそうであったように，加賀の人と能登の人は互いに別の国の人と思っているだろう。とすれば，『加能史料』という事業の根拠は，石川県という近代以降の地方行政機構の範囲にしかないということになる。それは，近代化のなかで郷土を失った曾祖父の心情と同じくらい特殊なものである。

一歩踏み込んで，いや加賀と能登は近世以来前田家の支配する

金沢藩として一体だったから，といえるかもしれない。しかし，能登にも金沢藩でない天領があったし，おそらく近世能登の人々の関心は，租税を取る金沢よりも富をもたらす日本海の海上交通に向いていたはずである。さらに近世以前に遡れば，加賀国と能登国はあっても前田家の金沢藩はなくなってしまう。結局この言い訳は，石川県が旧加賀と旧能登より成るということと異ならない。逆に，曾祖父のように加賀一向一揆の消長をつぶさに調べた立場からは，加賀（と能登）百万石とそれに続く石川県の歴史は加賀の歴史の一部分にすぎないか，さらにはそれ以前の歴史からの断絶・否定と見えたにちがいない。つまり曾祖父の私史と県の公史は，誰が書いたかだけでなく，何をどのように書くかまでが，いわば構造的に対立しているのである。

> 私史か公史か

ただし私は，私史がつねに正しく，公史がつねに誤っていると考えているわけではない。公史に携わる人々に以上の点についての反省があるかどうか，若干疑問には思うが，私史の側にも我田引水がないとはいえない。たとえば曾祖父が金沢市中の人であり，近代化のなかで一貫して成功してきた地元資本家ならば，けっして上記のような歴史を書かなかっただろう。『加賀史料集成』は曾祖父なりの，川端康成のいう「没落者の文学」だったのである。結局私史は書き手の生き方によって良くも悪くも偏るので，ただそれを寄せ集めるだけでは，大勢を納得させるだけの公共性をもった歴史に結晶することはない。

このように地域が歴史を創り出す次元には，誰が何を何のためにといった点で，より私的なものからより公的なものまで多様な利害が角逐しており，それを丁寧に見分けなければ，そこの過程でいったい何が社会的に行われているのかを知ることはできない

のである。そして，もし公共的実践としてそこに関与するならば，私的なものであれ公的なものであれ，自らの語る歴史の特殊性とそうでない歴史の特殊性を比較・検討する作業が，特殊性を公共性，すなわち相互に討議可能なものにまで高めていくという意味において欠かせない。

　私は，たとえ公的な権威を背負わなければならないとしても，ただ1つの歴史が他の多くの私史の上に専制的にそびえ立つことや，両者が学問と趣味といったふうに互いに交流なく分業することにならないほうがよいと思う。上の例に戻っていうなら，『加能史料』が『加賀史料集成』を基礎にもつことは，むしろ『加能史料』の可能性なのである。不特定多数の私史の関与によってつねに公史が補強されていくこと，一方がもう一方の限界を切り開いていくことは，地域が歴史を創り出す次元において公共的意義をもつ，重要な社会的過程であるといえるだろう。

3 聴き取り調査による戦略的着手

語られる歴史　　地域が歴史を創り出す次元を社会学の立場から分析する場合，主要な方法として，地域の人々の語ることを聴き取ることがある。私的な歴史にせよ公的な歴史にせよ，いったん書かれ，刊行されてしまえば，内容分析や言説分析など人文学・文献学的な方法によって，それらが何をどのように語り出そうとしているのかを分析することができる。それに対して聴き取り調査は，歴史を創り出す行為（発話）そのものと歴史が創り出される瞬間（物語の結晶化）をとらえることができる。聴き取り調査は社会学的地域調査の方法の1つで

> **Column ⑨ 先駆者としての中野卓**
>
> 中野卓（1920年生）は，本文で述べた日本社会学のイエ・ムラ論の完成者であるとともに，生活史（ライフ・ヒストリー）という新しい分野を開拓した，戦後日本を代表する社会学者の1人である。彼の代表作は生家の薬種商大和屋忠八家と，郷土の町京都市左京区五条大和大路の250年にわたる歴史を描き上げた『商家同族団の研究』（未來社，初版1964年，第2版上巻1978年，下巻1981年）である。また生活史研究の記念碑的作品が，本文で触れた『口述の生活史』である。さらに彼の考えを深く知りたい人は，ぜひ『福武直著作集第9巻 中国農村社会の構造』（東京大学出版会，1976年）の解題論文を読んでほしい。大学で3年先輩の福武が国費の研究者として接した隣国に，同じ国費でも侵略兵として接するほかなかった彼の苦渋をつづった，まさに歴史的意義の深い文献である。

あり，通常は事件の裏事情を探ったり，当事者の理解を確かめたりするために用いられるが，ここでは聴き取られる話それ自体が分析対象となるのである。

　では，聴き取られた話が歴史であるとはどのような意味でそういえるのか。この問題には少なくとも2つの論点があるように思われる。第1に，それが歴史と呼べるだけの，時間軸をもったひと連なりの秩序をもつこと。もちろん歴史決定論のように強く拘束された秩序である必要はないが，話者が現在に収束する時間に乗せて語ろうとしていることが条件であるとはいえるだろう。たとえば，生活史研究の古典的作品である『口述の生活史』の冒頭で，「編著者」の中野卓は「この本は，その（聴き取り）テープを，東京に帰るたびに文字に起こした記録を，編集し，多少の註を付けたもので，ほんとうの著者は『奥のオバァサン』自身だといえます」（中野編著1995）と記して方法論争を呼び起こしたが，自ら

の生家の盛衰を歴史社会学的に再検討することを第1の課題とした中野にとっては,「奥のオバァサン」のような市井の人々の語りもまたつねに歴史へと結晶していくことは,当然の前提であっただろう。

> 個人化した社会における語りの問題

第2に,それが地域の歴史であるといえるだけの,話者の集合性や内容の共通性を備えた話であること。この点は,国史論争のような政治的利害に関わるものでなくても,つねに確保されるとはいえない。なぜなら現代社会においては,その構造上語りの集合性や共通性が成り立ちにくいからである。中筋由紀子は,自らの聴き取り調査の経験に基づいて,都市化された社会における「語りの個人化」を指摘している。都市化以前の村落社会では,過去のできごとに関する人々の語りは寄り合いなど集合的な語り合いの場を通してのみ共通の意味を与えられたが,都市化された社会では,たとえ多くの人の関わった過去のできごとに関する語りでも,個人の私的な心情や解釈をまとった個人的な語りとしてのみ発せられるというのである(中筋 2002)。とすれば,通常の一対一の聴き取り調査を通して,話者の集合性や内容の共通性を確保することは絶望的といわなければならない。しかし私は,これを逆手に取ることができると考える。つまり聴き取り調査を集合的に実施して,地域の歴史を創り出す実験室にするのである。この場合,聴き取られた集合的な「個人化された語り」を誰が共通のものにまとめるのかという問題があるが,中野に従って聞き手は黒衣に徹し,「個人化された語り」が公共的討議を通して,いわば内発的に共通の歴史に編み上げられていくさまを観察すべきだろう。ただし,もし聞き手に何らかのコミットメントがある場合は,編集者や構成作家として討議に積極的に参加することも

否定されるべきではないだろう。その場合，討議の場に働く政治力学に他の語り手より敏感である必要はあるだろう。

4 歴史が地域を造り出す次元をめぐる諸問題

社会学的方法の適用　　ある地域が歴史的に形成されている，歴史的起源をもつということは，事実の次元では自明のことである。たとえば，ある町に巨大な石垣があるのは，近世の城が明治になって廃されたからであり，ある町にいかがわしい歓楽街があるのは，第2次世界大戦前期に帝国陸軍の師団があったところが，戦後もアメリカ駐留軍の基地とされたからである。しかし，では，ある町には今も織豊期の天守が残るのに別の町には濠すらも残っていないのはなぜかというふうに比較すると，それぞれの地域固有の事情・過程があることを重視しなければならなくなる。地域の歴史的起源を探り当てる作業とは，そうした固有の事情・過程を1つひとつ明らかにしていく無限の運動にほかならない。そこに学問が関与する場合，一貫した理論と方法に従って一定の秩序をもった物語を導き出すことになる。この物語が現在の地域にとって何らかの政治的意味をもつ場合，それは地域が歴史を創り出す次元に再算入されるだろう。もっとも，その秩序はあくまで学問の論理と方法によるので，生み出された物語の「お話としての」もっともらしさとは本来無関係である。私の知るかぎり，ちょうど科学が常識に対立するように，論理や方法の一貫性は，むしろ物語のもっともらしさやおもしろさを減らす働きをすることが多い。

　それでは社会学の立場からこの運動に関与するとは，どうする

ことなのだろうか。経済学ならば地域における市場流通か企業経営かどちらかの次元に注目して、市場流通なら国民経済や世界市場との接続の多少、企業経営なら動員力と生産性の質を計測し、その時系列的な連続または断絶を探究するだろう。また歴史人口学ならば人口の増減の次元に注目して、家族の出生力や通婚圏の制度的強度を計測し、その時系列的な連続または断絶を探究するだろう。つまり、それぞれの研究目的によって探究分野を限定し、学問固有の理論と方法によって、時系列的連続・断絶を探究するわけである。

社会意識の歴史的発生

社会学の場合、少なくとも次の3つの限定が可能だろう。第1に、社会学がM.ヴェーバーの理解社会学のように個人の社会意識の意味を探究する知的営為であるならば、個人の郷土への関心や愛着、義務的拘束を、書かれたり、語られたりした史料から解釈しつつ探究することになるだろう。

たとえば文化資源学の木下直之は、近代以降保存されたり、いったん毀されたが復興されたりした日本各地の城郭を訪ね歩き、保存や復興に込められた市民の意識を探ろうとする（木下 2018）。彼自身の郷土の城についての心情（わたしの城下町）が狂言回しの役割を果たしていることに明らかなように、市民の意識はたとえ保存や復興といった公共事業をもたらそうとも、元来は彼ら1人ひとりに私的に分かちもたれたものである。また木下は、城への愛着を近隣の村人たちの伝統的心情（集合心性）として賞賛する柳田國男（柳田 1990）とも、決して一般的な心情ではなかったと否定する宮本常一（宮本 1968）とも異なって、それが私的であるがゆえに部分的で不安定なものでしかないことを描き出す。それでは、なぜ現在比較的裕福な地方自治体の多くが、冒頭に示し

た名古屋市のように，城郭の保存や復興に熱心なのか。ここから先は，木下の著作を超えて，まさに地域の社会学の課題にほかならない。

基礎的社会集団の消長　第2に，社会学が日本社会学の伝統の1つであるイエ・ムラ論のように，集団と集団間関係の消長を探究する知的営為であるならば，ある地理的範囲において歴史上最も広範かつ長期的に存続したと思われる集団を単位として，その内部構成や対外関係の長期的変動を，歴史上の事件や史料を断面図的な手がかりにしつつ探究することになるだろう。

たとえば経済史学の中村吉治は，『日本の村落共同体』（中村 1977），『家の歴史』（中村 1978），『武家の歴史』（中村 1967）（初版の刊行順），という一連の日本通史を著したが，それらは，農業を生業とする生活経営体としてのイエが，生産力の緩やかな成長に連れて発達するとともに移動する武家（より血縁重視）と定着するムラ（より生活重視）を派生させるが，さらなる成長がそうした過渡的形態の命脈を絶つだけでなく，最後には自らも衰耗させていくという過程を，長大な時間軸を通して描き分けたものである。農家出身の中村は，東京帝国大学国史学科の卒業論文を書く際に神主出身の指導教官から「農民に歴史はない」と嘲られて発憤したそうだが，一連の作品は，まさに農民の生活こそが日本史全体の原動力だったことを自家生産力の成長という一貫した経済理論によって描き出した，見事な反論になっているのである。一方でこれらの作品は，社会の出発点を親族組織や土地所有共同体として形式的・静態的にとらえ，それ以後の歴史をたんなる衰耗の過程としてしか描けない，旧来の文化人類学や家族社会学の歴史観に対しても原理的な批判を与えた。ただし，彼の指導教官

の言葉もまったく的はずれとはいえない。というのは，身内の歴史を書くことはしばしば自己満足的な閉鎖性を伴うからである。

ところで，もし中村が正しいならば，イエやムラによって稠密に構成されていた日本社会はすでに崩壊してしまったことになる。その最終段階を生きた中村がイエの消長を課題に選んだことは無理もないが，では現在の私たちは何を課題にできるのだろうか。1つの可能性はイエとイエ間関係から個人と個人間関係に照準を移動させることである。私の見るところ，劇作家山崎正和の『柔らかい個人主義の誕生』（山崎 1987）や『社交する人間』（山崎 2003）といった一連の作品は，日本史における個人と個人間関係の歴史的変遷を探究するものだった。また，近年の都市社会学におけるパーソナル・ネットワーク論の成果（森岡編 2000；石田 2015）を歴史を遡って適用することも検討されてよい。それらを参考にして，地域の歴史的起源を個人と個人間関係の集合態として探り当てることができるように思われる。

> 制度の社会的編成替え

第3に，E. デュルケムの社会学主義のように，社会学が具体的な実在としての人間の集合態を制御する制度を探究する知的営為であるならば，身体や行為の集合態の特殊な構成を，それらを制御していると考えられるモノ（建造環境）やコトバ（法や文化）と関連づけて探究することになるだろう。この場合，探究すべき身体・行為と制度すなわちモノとコトバのセットが，どれか1つでも入れ替わると劇的に作用が変わるような不安定な結合をもっていることは重要である。

たとえば私は，近代都市の成り立ちを考えるうえで大規模病院が重要なのではないかと考えて，昔の地図や文献から現在の病院の起源を探ったり，実際に現地を訪ねてみたりしたことがある。

なかでも興味深かったのは，当時「国立大蔵病院」と呼ばれていた病院である。東京都世田谷区という日本有数の住宅街の中に存在したそれは，どうみても廃墟と化しつつある，まったく時代遅れの公共施設だった。不審に思って調べてみると，元々は旧帝国陸軍の結核患者を隔離するための病院だったという。ちなみに旧国立病院の多くは戦前期に結核療養所や陸軍病院であったのが，戦後傷病兵がいなくなり，結核が激減した後もなぜか廃止されなかったものだ。その後国が不採算の国立病院改革を喧伝したので，私はてっきり大蔵病院も廃止されたものと思っていた。ところが，何と大蔵病院のあった場所には巨大な高層病棟が建ち，厚生労働省直轄の「国立成育医療センター」（2010年に「独立行政法人国立成育医療研究センター」に移行）になっていた。日本最高の産科・小児科一貫式の医療機関だそうである。歴史的な用語でいえば「焼け太り」（たとえば名古屋市のような，戦災復興都市の発展をいった用語）である。こうした唐突で根拠不明な制度改革は，第1の立場が明らかにする社会意識の変化にも，第2の立場が明らかにする生活組織の消長にも直接対応しない，まさに社会的というほかないものである。もちろんどのような制度改革も相応の政策理念と政治過程を伴う。しかし，そうした字面のもっともらしさを，ひびと錆に汚れた元の低層棟と新しい白亜の高層棟（白い巨塔？）の間の見た目の落差が無意味化してしまうように，私には感じられた。だからこそこの歴史を，国立病院制度改革史というように，文献だけに頼って考えてはいけないと強く思ったのである。

さらに私が混乱したのは，あるファストフード会社が財団を作って，この病院に難病の子どもを預けている地方の家族の訪問用宿泊施設を運営していることを知ったときである。私たちが子ども用のセットメニューを買うと，自動的にその財団に寄付したこ

国立成育医療研究センターの威容。企業の施設は写真左手枠外にある（2007年9月29日。筆者撮影）

とになるという。私は日曜の朝たまたまゆっくり宣伝チラシを見る暇があってこの小さな記事に気づいたのだが、この制度を知っていて、または寄付するためにセットメニューを買う人はいったいどれほどいるのだろうと、疑問に思った。また、どうして家族が訪ねるのに金のかかる都心（それもホテルが多い真の都心ではない）に病院を建てたのだろう、でも遠隔地だとかえって頻繁に訪ねにくいかもしれないなどとも考えた（現在この施設は全国に12カ所あるという）。とにかく唐突で根拠不明な制度改革が、多くの人々の新しい生活と社会関係を生み出したことは確かである。そのうえ子どもたちとその家族の生活と社会関係は深刻で、取り替えのきかないもののはずである。つまり、「ひょうたんから駒」というが、私たちはひょうたん（唐突な制度改革）から馬（新しい生活と社会関係）が出てきたことに驚くだけでなく、その馬が生

きて走ることにも驚かなければならないのである。逆に、馬が生きて走ることの起源がひょうたんにあることにも、あらためて驚かなければならない。

以上、社会学の立場から歴史が地域を造り出す次元を考える際の基本的な問題を挙げてきたが、どの問題に関しても現在の社会の特殊な成り立ちを相対化するような視点がもたらされることを、あらためて強調しておきたい。結果として現在の社会を肯定するにせよ、乗り越えようと思うにせよ、社会が変動する存在であり、社会学がそれを解明する科学であるかぎり、私たちは、歴史を考えることを通して、必ず現在の社会の新しい見え方に出会うことになるのである。

5 調査研究の具体的な手続きと着手点

言葉からモノへと関心を広げる

最後に、2つの次元を調査研究していく具体的な手続きについて、基本的な論点をいくつか挙げてみよう。

地域が歴史を創り出す次元を調査研究する際の一番の戦略的着手点は、先に述べたとおり、人々（それは住民に限られない）が地域について語ることを聴き取ることである。歴史そのものを語る場合だけでなく、現在について語る場合にも、その前提や意味の源泉として歴史を引用することが多い。またそれと関連するが、人々が地域の歴史を行為として表現すること、具体的には歴史的景観の保存運動や歴史上の人物の顕彰行事（「英雄まつり」）などにも注目すべきである。さらに、そうした行為によって遺されたり、新たに創られたりする建造環境（その典型は復興天守）にも

注目すべきである。それらはしばしば歴史学的には正しくない姿をしているが、その正しくなさこそが地域が歴史を創り出す営みの証拠にほかならないのである。

そうした積極的な行為だけでなく、集落の墓地や公営の霊園の静かなたたずまいに注目することも有用である。それらは一見すると各々の墓碑に各々のイエや家族の歴史を表現しているにすぎず、何か１つの地域の歴史を志向し、主張するものではないが、集合態として見れば、それらは自ずと地域の歴史を語っていることになるのである。

ところで、地域が創り出す歴史と学校で習う歴史との関係をどのように考えればよいのだろうか。先の考察を踏まえれば、後者によって前者を一概に否定するのではなく、地域に直接の利害をもたない専門家によって書かれた国家次元の歴史である後者を基準点（または原点０）にして、前者に込められた固有の利害、固有の心情の大きさを計測すべきであるといえるだろう。

> 理論と方法の一貫した適用

一方、歴史が地域を造り出す次元を調査研究する際には、先に述べたとおり、現在の地域の姿（たとえばその範囲や支配的主体）を相対化することになるわけだから、最初からそれを絶対視しないほうがよい。むしろ現在の姿を１つの問いとして（なぜほかでもないその姿なのか）、時間を遡っていくなかでその答えを見出すよう努めるべきだろう。

この作業で私が一番大切だと思うのは、１組の理論と方法を策定し、それらを一貫して適用することである。一貫した理論と方法を用いることは一貫した物語を創り出すこととは異なる。事実はつねに多様なのだから、一貫した理論と方法はかえって矛盾や断絶を抱えた物語を導き出すはずである。先の考察を踏まえるな

らば，理論と方法の策定の際，社会を記述する際の単位の大きさの設定（具体的な個人の身体から地域住民という抽象的な集合態まで），社会を制御する制度の効力の質的把握（ことばによる心の制御か，モノによる行為の制御か），そして目に見えない関係を目に見える事実としてどう描き出すかという調査方法（心情の痕跡としての文化表象を見るか，行為の集積としてのできごとを見るか）の三者を論理的に一貫させることが，物語としての歴史とは異なる，新たな歴史的起源を探り当てることを可能にするのである。

> まず，地域を歩いてみる

この作業の着手点として，私は地域を歩いてみる，すなわち対象となる地域に自らの身体を投げ入れることを勧めたい。これは一見社会学の教科書的方法であるフィールドワークと同じように見えるが，次の点でまったく異なる。フィールドワークでは研究課題も調査方法も机上で決まっていて，現地では作戦行動する軍隊のように粛々と作業を進めるだけなのだが（もちろんアクシデントには柔軟に対応しなければならないが），私のいう，地域を歩いてみることはむしろ一般にいう「ぶらり旅」に近く，好奇心のおもむくまま研究課題も調査方法も決めずに進めるものである。大切なのは自らの身体をすみずみまで活用することだが，目を皿のようにしたり，鼻を犬のように利かせたりするわけではない。ぼんやりとした感覚もまた感覚の1つのありようだからだ。逆に1つの感覚を研ぎ澄ますとき他の感覚は留守になりがちである。とにかく地域で自らの身体が体験していくさまざまなことを，簡単に解釈や結論を与えないままに身体に覚えさせておけばよい。写真やノートは身体の敏感さ（ぼんやりさ）の妨げにならない範囲でのみ使うべきである。

　たとえば私はかなり体が大きく，動作も粗雑なので，どこへ行

Column ⑩ 地域の歴史の調査研究の例

　私が地域の歴史を調査するときに，最初に立ち寄る場所の1つは神社や寺院である。それ自体が歴史的建築物だからではない。神社や寺院の境内にはさまざまな記念碑・記念物が建てられていて，それらに地域の歴史の一端を読みとることができるからである。たとえば調査で訪れたある町の神社の銘板には，ある陸軍軍人の名が筆頭に刻まれ（つまり最高金額寄付者），3番目に旧領主とおぼしき名が刻まれていた。私が軍人の名を知っていたのは，学校の教科書で軍の専横の象徴として悪者扱いされていたのを覚えていたからである。近代の軍人が1番目で近世の旧領主が3番目というところが（2番目はおそらく地元の金融資本家），戦前期の地域権力構造の歴史的特徴をうかがわせるものだ。また，その後私はこの軍人が東京だけでなく地元にも政治活動の場をもっており，逆に東京での活動を支えていたことまで調べを進めたが，とにかくきっかけは1枚の神社の鳥居新築の寄付者銘板だったのである。

　っともその場所の大きさ（狭さ）が気になるし，そこにいる他人の目線（何か大柄な余所者がきたぞ！）も気になる。自分は調査に不向きなのではないかと思うくらいだ。しかし考えてみれば，この身体によってはじめてその場所の息苦しさを体験できるのだし，そこにいる人々の対他関係の閉鎖性を体験できるのである。私は私の身体を調査の道具として気に入っている。

　そして，身体に覚えられた体験がその場かぎりのものではなく，そこに関わる人に広く安定して与えられるものなのではないかと考えるとき，では，それはなぜそうなのかという問いが結晶して，歴史的起源に遡る作業が始まるのである。

追　補　　初版の2008年以降，本章が論じたテーマについて長足の進歩，深化があった。

第5章　地域が歴史を創り出す　歴史が地域を造り出す

要約すると①歴史社会学の重厚な事例研究の増加，②20世紀のそれとは異質な生活史の発展，③ジェンダー，ダイバーシティへの敏感さの高まり，④東日本大震災など災害の歴史の記憶，記録を巡る研究の蓄積，である。

　①については，五十嵐康正『上野新論』（せりか書房，2019），清水亮『「軍都」を生きる』（岩波書店，2023），辻井敦大『墓の建立と継承』（晃洋書房，2023）が注目される。これらは従来の地域社会学のように行政政治だけでなく，市場の影響を掘り下げている点で，本章をより先へと踏み越えている。

　②については，③とも重ねてジェンダー視点から都市の生活史を先駆的に探究したのは小林多寿子「都市の経験」（『ソシオロジ』30(2)，1985）だったが，近年ではエスニシティを重ね合わせた文貞實『ライフ・トークの社会空間』（松籟社，2022）が興味深い。さらにダイバーシティに関心を広げてみると，砂川秀樹『新宿二丁目の文化人類学』（太郎次郎社エディタス，2015）が，いわゆる「二丁目」だけでなく「新宿」の研究としても興味深い。

　④東日本大震災をはじめとする災害と復興の歴史的形成については，中島みゆきの復興過程への継続的な参与観察（「集団移転に伴う地域社会の変化と『ふるさとの記憶』」『地域社会学会年報』32，2020，および「災害展示をめぐる合意形成過程」『同』35，2023）が興味深い。また被災当事者として復興過程の検証に取り組む市村高志の証言（共編『人間なき復興』筑摩書房，2017）も見落とせない。

石田光規,2015,『つながりづくりの隘路』勁草書房。
木下直之,2018,『わたしの城下町』(初版 2007) 筑摩書房。
宮本常一,1968,『日本民衆史5 町のなりたち』未來社。
森岡清志編,2000,『都市社会のパーソナルネットワーク』東京大学出版会。
中村吉治,1967,『武家の歴史』岩波書店。
中村吉治,1977,『日本の村落共同体』(初版 1957) ジャパン・パブリッシャーズ。
中村吉治,1978,『家の歴史』(初版 1957) 農山漁村文化協会。
中野卓編,1995,『口述の生活史〔増補版〕』(初版 1977) 御茶の水書房。
中筋由紀子,2002,「都市化社会における個人化された語り」『日本都市社会学会年報』20。
山崎正和,1987,『柔らかい個人主義の誕生』(初版 1984) 中央公論社。
山崎正和,2003,『社交する人間』中央公論新社。
柳田國男,1990,『柳田國男全集26 明治大正史世相篇ほか』(初版 1931) 筑摩書房。

Summary

　地域の歴史を社会学の立場から考える際,2つの次元に分けてみることが有用である。1つは「地域が歴史を創り出す次元」であり,人々の地域をめぐる語りや集合行為,その結果であるできごとや空間構成などに,どのような歴史が創り出され,表現されているかを解読することである。さらに社会学者は歴史を創り出す過程に積極的に参加することもできる。大切なのは,学校で習う公的な歴史だけに価値を置かず,私的な主体が歴史を創り出す多様な営みに分け隔てなく注目することである。これは公的な歴史を担う歴史学にはできない,社会学固有の領分である。もう1つは「歴史が地域を造り出す次元」であり,社会学の理論と方法

を一貫して適用し，地域をめぐる社会意識や集団構成，制度に制御された人とモノの集合態などの盛衰・変化を解明することを通して，地域の歴史的起源を探り当てることである。大切なのは，物語としての歴史から離れて，具体的な人とモノの集合態の変遷を，そのなかに自らの身体を投げ入れ，体験することによって読み解いていくことである。これは文献研究を中心とする歴史学にはできない，社会学固有の領分である。

1. あなたの住む市町村にある，歴史的な建築物や史跡をたずね，その起源と現在の維持・管理方法について調べてみよう。
2. あなたの父親や母親からあなたの家族の歴史を聴き取り，学校の教科書や学術書に書かれた歴史と比較・対照させてみよう。
3. あなたの住む市町村の行政要覧や総合計画書，ホームページなどにおける歴史の扱いについて調べ，どこに重点が置かれているか考えてみよう。

読書案内

藤田弘夫『路上の国柄——ゆらぐ「官尊民卑」』文藝春秋，2006
　日本における公と私の不幸な関係を掲示や看板の採集から読み解く。常識を科学的に反省する知的行為としての社会学のおもしろさが存分に発揮された作品。

E. ホブズボウム，T. レンジャー編『創られた伝統』前川啓治・梶原景昭ほか訳，紀伊國屋書店，1992
　「社会が歴史を創り出す」という論点をはじめて提示した古典。今信じられている歴史を疑うだけではなく，新しい歴史的起源を探り当てるおもしろさも示唆する。

片桐新自編『歴史的環境の社会学』新曜社，2000
　都市霊園の消長に注目する私の研究（「〈社会の記憶〉としての

墓・霊園」)や「郡上おどり」をめぐる語りを採集・解読した足立重和の研究(「伝統文化の説明」)がとくに本章と関係が深い。
西川俊作・尾高煌之助・斎藤修編『日本経済の200年』日本評論社,1996

　1990年代以降,日本史研究の1つの標準となった数量経済史と歴史人口学の達成。ここから逆に,社会学ならではの歴史研究とは何かについて省みることができる。

 中筋直哉◆

第Ⅱ部
地域を見る

第6章 地域社会と町内会の変容

東京都武蔵野市のコミュニティ協議会の活動について意見交換をしている場面である。本章で取り上げたのは町内会の状況であるが，1970年代から取り組まれた「コミュニティ協議会」でも，担い手不足や住民による活動への無理解など，課題は重なっている。(武蔵野市職員撮影)

 これまでの章によって，地域をいかにしてとらえることができるか，いくつかの視点や枠組みが見えてきたことだろう。ここからは，より具体的に現代における地域社会の状況について学んでいくことになる。

 今日の日本社会における大きな課題として，人口減少，少子高齢化を挙げることができるが，これによって地域社会も大きな影響を受けている。たとえば，空き家，耕作放棄地，小中学校の統廃合など，地域の人口が減少すればそれに伴って発生する問題が多様に生じてしまう。

 本章では，こうした問題のうち，地域社会への人々の関わりの変化をとらえることにしよう。特に，地域の課題に対して長年対応してきた町内会について学んだうえで，地域社会と人々との関わりの変化について検討する。

1 地域社会がもつ意味

身近な地域社会との関わり

みなさんは地域社会とどのような関わりをもっているだろうか。たとえば幼少時，お祭りに参加してお菓子をもらった思い出や，登下校中に毎日声をかけてくれたおじさんおばさん，地域の歴史を教えに来てくれたお年寄りなど，地域の人々との関わりを思い浮かべてほしい。お祭りを運営していた人や，子どもとの関わりをもっていたこれらの人々は，実は「町内会」の役員である場合も多い。大人になった現在でも，毎週同じ時間に同じジャンパーを着た人たちが，道路や公園の掃除をしていたり，ごみ収集車が去ったあとに，ごみ収集場所の掃除をしてくれていたりするのを見かけたことはないだろうか。

私たちは普段，地域社会の存在を意識することは少ない。都市部に住んでいればなおさらである。しかし多くの場合，地域社会との関わりをもちながら育ってきたのであり，現在も気がつかないところで，地域活動の恩恵を受けているのである。

求められてきたコミュニティ形成

このように，今日意識されにくい地域社会との関わりであるが，地域社会の変容，特に関係の希薄化が問題視されたのは何も今に始まったことではない。1970年代以降，国主導で「コミュニティ」の形成が目指されてきたのも，地域社会の変容に対応するものであった。1969年，国民生活審議会コミュニティ問題小委員会が「コミュニティ――生活の場における人間性の回復」を発表した。これを受けて，自治省（現総務省）が全国にモデル

地区を指定し，コミュニティの形成をはかった。その後も，1980年代には「推進地区」，90年代には「活性化地区」をそれぞれ指定し，この間全国の371地区が指定され，コミュニティ形成に取り組んだのである。こうした国の方針を受けて，各地方自治体においても，独自のコミュニティ施策が取り組まれてきた。

1995年の阪神・淡路大震災では，被災後に公的な支援がすぐには届かないことが認識されると同時に，地域における助け合いが注目された。倉田和四生（1999）は，災害発生時に住民の協力で被害を食い止めた事例と，地域がうまく機能しなかった事例の両方に触れ，事前からのコミュニティ活動の重要性を指摘した。他方で，発災前の関係性を考慮せずに仮設住宅への入居が進められたことによって，多くの「孤独死」が発生したことも問題となった。このことから，事前の防災・減災の取り組みと同時に，復興期におけるコミュニティ形成の重要性も注目された。

災害時でなくとも，2000年代以降には，亡くなってから何か月も発見されないような事例が相次ぎ，「孤独死・孤立死」が社会問題化した。千葉県松戸市常盤平団地の「孤独死ゼロ作戦」の取り組みが注目されるなど，地域で見守り活動を行うコミュニティづくりが推進された。

上に挙げた例はほんの一部であるが，このような生活上のさまざまな地域課題に対し，地域社会で解決することが要請されており，その主体形成のために，コミュニティの形成が要請されてきた。これには，国家や自治体による行政上の統治手法としての意味合いと，身近な問題に住民自ら対応することで，よりよい解決に向かうことができるという自治の視点からの意味合いと，両方が含まれている。

> コロナ禍は地域社会の
> もつ意味を変えたか

2020年からの新型コロナウイルスによるパンデミックは、人々の関わり方を変化させた。非対面のコミュニケーションを増進させ、どこにいるか、どこに住んでいるかということの意味が相対的にうすまった。また、これを成立させる都市的な機能がより求められるようになった。都市のなかのどこに住んでいても、通販サイトやネットスーパーで、必要なものをオンラインで注文し受けとることができる。SNSで友人とやりとりし、オンラインで授業を受けたり仕事をしたりしていれば、居住地がどこであっても大差はない。

一方で、やはり身体がもつ意味や、対面でのコミュニケーションの重要性も実感されるところである。たとえば、オンライン上のやりとりだけでは仲を深めるのは難しいし、いつものメンバーであっても、顔色が悪いとか気に病むことがありそうだとか、対面であれば気がつくことでも、オンラインだとそうはいかない。

それと同様に、地域社会がもつ意味も決して失われるわけではない。特に身体的な接触が重要となり、近接性が大いに意味をもつ、子育て、高齢者福祉、防災活動などは、地域社会において解決すべき課題として存在し続ける。住んでいる場所とその周辺が、重要な役割を担うことには変わりはなく、そこで生活を営む人々との協働があってはじめて、その福祉的機能が発揮される。

以上のように、私たちは地域社会との関係をさまざまにもっており、地域社会が生活上の問題を解決するための重要な位置づけにあることは確認できたであろう。以下では、地域社会の構造的変化をとらえたうえで、地域社会における課題に対処する活動の中心的役割を担ってきた町内会について検討する。そのうえで、町内会を中心とする体制がうまくいかなくなっている状況から、

今日の地域社会への関わり方の変化をとらえていくことにしよう。

2 地域社会の構造的変化による影響

地域活動を支える人々の変化

地域社会に影響を与える大きな変化の1つは，現在の日本が人口減少社会であるということである。国勢調査による日本の人口は，2015年から20年に約95万人減少し，1億2600万人ほどとなっている。また，少子高齢化の進展も著しい。地域の担い手がいないということはよく言われるが，そもそも子どもや若い世代の数自体が少なくなっているのである。また，戦後の郊外地域においては，地域の担い手の中心は，昼間人口としての子育て中の母親と高齢者であった。しかし現在は，女性や高齢者の就業率が高まり，地域活動を担う時間がなくなっていると考えられる。また，世帯構成が変化したことも，人々と地域との関わり方を見えにくいものにさせた。

一方，中心市街地などにおいては，かつては商店主などの自営業者層が地域の担い手となってきた。しかし，高度経済成長期に雇用者が自営業者を上回り，その後も自営業者の比率は低下し続け，2023年では10％を切っている状況である。これらの変化からわかるのは，地域に長時間滞在している人々が，減少してしまっているということである。

ここでは，「少子高齢化」および「世帯構成」の変化について，実際に数値を取り上げて確認しておこう。

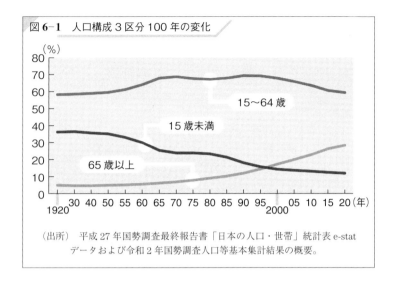

図 6-1 は，年少人口（15歳未満），生産年齢人口（15〜64歳），老年人口（65歳以上）の割合について，100年の変化を見たものである。戦後，年少人口の割合は一貫して減少してきた一方で，老年人口比率は一貫して増加してきた。2000年に初めて，老年人口比率が年少人口比率を上回り，その後も差が大きく開いてきたことがわかる。2020年の15歳未満の割合は11.9%，65歳以上の割合が28.6%で，75歳以上の後期高齢者の割合が14.7%となっている。2025年には団塊の世代が75歳以上となり，後期高齢者の割合が一段と高くなる。一方出生数は，2023年に72万7000人となり，出生率も過去最低の1.20を記録し，下げ止まる気配がない。

次に見るのは世帯構成の変化である（図6-2）。戦後，世帯の変化の特徴として核家族化が言われてきたが，核家族の割合が一番

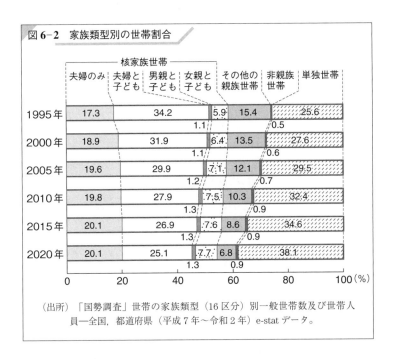

高まった1980年代の60％をピークに，2020年には54.2％まで減少している。核家族の類型のなかでも特に減っているのは，夫婦と子どもの世帯である。三世代世帯を含むその他の親族世帯も，2000年の13.5％から20年の間に半減し，6.8％となっている。その一方で，単独世帯の割合が膨らんできており，2020年には38.1％とおよそ4割が該当している。

第1章でも触れられているように，地域集団が，「家」の成員の地位に応じて構成されてきたことを考えれば，集団を継続するためのリクルートが難しくなっているということである。後に触れる町内会も，加入単位は世帯であり，町内会に属する老人会，婦人会，青年会，子ども会などを通して，世帯の各成員がさまざ

まな関わりをもってきた。単独世帯の割合が増えるなかで、町内会の担い手が減っているのは、必然ともいえよう。

3 町内会の存在意義

町内会の数と加入率　多くの自治体において、地域社会の課題に対処する活動を、一手に引き受けてきたのが町内会である。町内会は地域によって、自治会、町会、区などと名称が異なるが、ここでは町内会と総称しておく。総務省によれば、全国で29万6000団体ほどある。同じく総務省が行った調査結果では、加入率の低下が指摘されているものの、2020年の全国平均で71.7％の加入率となっている。

これだけ見ると、日本人の多くが町内会に加入し、活動に参加しているかのように思える。読者のみなさんの町内会への関わりはどうだろうか。ちなみに都市部の学生たちの多くは、町内会と聞いてもあまりピンと来ていない。親が加入している場合には知っているが、自分とは縁遠い存在だと感じている。都市部では若い世代だけでなく、そもそも町内会がどのような組織であるのか、知らないという人も増えているのが現状である。

町内会の特徴　約30万団体ある各組織は、それぞれがかなり特異な存在であり、町内会を一般化して説明することは意外と難しい。自治体の方針、地域の特性や歴史的な経緯、構成メンバーなど、多くの要因によってそれぞれ異なる特徴をもっているのである。

総じて町内会は、環境保全、衛生、防犯、防災、福祉、懇親など多くの活動を担っており、地域課題に対処するには欠かせない

存在となっている。しかしこれらをまったく行っていない場合もあるなど、一般的な説明をすると自分の経験とはどこかずれてしまうのである。

　それでも町内会に共通する特徴としては、以下の5点が指摘されてきた。①一定の地域区画をもち、その区画が相互に重なり合わない（地域区画性）、②世帯を単位として構成される（世帯単位性）、③原則として全世帯（戸）加入の考え方に立つ（全世帯加入性）、④地域の諸課題に包括的に関与する（機能の包括性）、⑤それらの結果として、行政や外部の第三者に対して地域を代表する組織となる（地域代表性）（中田 2017）、である。これに加えて、⑥行政区域内にほぼ重複なく網羅的に組織される（非重複網羅性）、⑦一定の行政機能を分担もしくは補完する（行政末端機能）、⑧類似した組織が全国ほぼすべての市区町村に存在する（全国遍在性）が指摘されている（日高 2018）。

町内会の成立

　こうした特徴が、ある程度全国画一的にみられるのは、その成立過程によるものである。町内会成立の歴史的経緯として、かつては五保の制や江戸時代の町組をその前身としてとらえる議論もあった。しかし今日では、明治期以降の近代において成立したものとして、理解されることのほうが多くなっている。

　近代以降の町内会の成立過程は、村落部と都市部それぞれの文脈で理解する必要がある。村落部におけることの発端は1888（明治21）年の市制・町村制の公布である。この時、前年には7万1000余あった町村が、39市1万5820町村に統合された。平均して4～5町村が合併して1つの新町村となったが、もともとの町村には都市内分権のようなかたちで権限を残さなかった。その一部は市町村が設置する「行政区」となって、市町村の管理下に

おかれた。この行政区が後の部落会として位置づけられていくことになる（日高 2018）。

都市化が進む都市部では，横浜や神戸の衛生組合，京都の公同組合（衛生委員と学務委員を合わせたもの）といったように，課題に対応して行政による各種の組織化がなされた。東京では明治末期から大正期にかけて，衛生や親睦，被災後の防犯など，住民によって地域課題に合わせた組織化がなされていた（中村 1980）。こうした目的別の組織が，増加する都市の問題に対応するかたちで，包括的な機能を備えた町内会として整備されていった。

全国に組織された町内会・部落会

上記のように各地の事情によって成立してきた町内会・部落会は，戦時体制の整備が進むなかで，国民を統制する機関として全国一律で法的に位置づけられていく。村落部では部落会，都市部では町内会が，1940（昭和15）年の内務省訓令第17号によって公認され，43年の市制・町村制の改正によって法的に市町村の指揮下に位置づけられた。

戦後は，法制度上の位置づけが廃止され，民主化を阻害する組織としてGHQによって解散・禁止が命じられた。しかし，名目上防犯協会や衛生組合などの組織に鞍替えし，機能等をそのまま残している場合が多かった。結局，講和条約の締結がなされる1951年前後に公然と復活したが，一度廃止され禁止までされた組織を，法的に位置づけるまでには時間を要した。「地縁による団体」として，法人格を取得できるようになるには，1992年の地方自治法改正まで待たねばならない。それまでは，「権利能力なき社団」として，行政に自主的に協力する任意団体という，あいまいな位置づけのままであった。

自治体を補完する役割

町内会はこのような成立経緯もあり、地方自治体の統治体制に組み込まれ、重要な役割を担ってきた。基礎自治体における地域コミュニティを対象とする施策は、町内会がなければ成り立たないというところは多い。

2020年に全国市議会議長会が全815市区（特別区）を対象に行った調査結果において、約8割の自治体が町内会に依頼・連携している業務は、以下の通り多岐にわたる。定期の広報物や緊急の配布・回覧・掲示、審議会や委員等の推薦や選出、防犯灯・カーブミラー・ごみ集積所等の地区要望の取り次ぎ、河川・公園・道路等の美化清掃や環境整備、防災訓練や防災マップの作成・災害弱者の救護体制の整備、防犯灯や集会所等の設置管理、寄付金・募金集め、である。そのほかに5割以上の自治体が該当している項目も、ごみの分別や資源物回収、高齢者の見守りなど高齢化対策、子育て支援や小中学校との連携、防犯活動となっており、地域における諸問題に対して、網羅的に連携している様子がうかがえる。

先に見た地域社会の構造的変化は、地域課題を多様化・増大化させている。それに応じて、行政から町内会に期待する役割も増加・重大化する傾向にある。このように、行政から依頼される事業が多くなっていることは、町内会の運営が苦しくなる原因ともなっている。

自治組織としての役割

上記のような状況から、町内会は行政の下請け組織と揶揄されてきた。町内会に関わる役員などからも、行政から依頼される事業ばかりになってしまっている状況に対して、疑問の声が聞かれる。一方で、そうした役員たちが、自分の時間を割いてなぜ活動に参加するのかと

いえば，地域の自治組織として重要な役割も担っているからである。役員たちが，「地域のため」「地域への恩返し」と口にするのはそのためである。

中田実（2017）は，町内会が担ってきたのは，地域共同管理機能であると位置づける。もともと地域のなかには，多くの共同で解決すべき課題があった。これを実際に自治的な方法で行政と協力しながら対処してきた組織が，町内会であるというのである。

玉野和志（2024）は，町内会の本質を「共同防衛」機能にあるとみる。これを利用したのが，戦時体制における国家による町内会整備であった。しかし，こうした特殊な時代状況でなくても，「共同防衛」は地域にとって必要な機能と考えられる。戦後，行政機能がまだ弱い時代に，防犯灯の整備や夜警といった防犯対策，害虫駆除や予防接種の推進といった公衆衛生などを担ってきた。現在でも，地域内に防犯カメラを設置したり，子どもの登下校の見守りといった安心・安全のための活動を行っている。多くの町内会において，防災を活動の柱においていることも，これにあたるだろう。

こうした活動は，行政が主導して行っている場合もあるが，地域ごとの状況に合わせたものでないと意味がないことも多い。実際，地区防災計画を町内会で独自に策定するといった取り組みも出てきている（小山 2025）。行政から依頼される事業が多くなり，こうした自治的な意味を低下させてしまうと，住民にとって，町内会は何のための組織であるのか，よりわからなくなってしまうだろう。

4 町内会存続の危機

> 加入率低下の問題

町内会が問題を抱えていることは長らく指摘されてきた。近年の主な点としては，加入率の低下，担い手の高齢化，担い手不足である。町内会の全国平均の加入率が，2020年に71.7％であったことを先述したが，その10年前の2010年には78.0％であったのであり，減少していることは確かである。また，人口規模によって加入率は異なっており，東京23区も含まれる人口50万人以上の都市（政令指定都市を除く）では，2020年の結果で57.9％となっている（地域コミュニティに関する研究会 2022）。

辻中豊ほか（2009）は，明るい選挙推進協会の調査結果から，1990年代半ばまでは町内会に60％以上が「加入」していると回答していたが，2000年以降急激に減少し，07年には約40％となっていることを示している。そのうえで，婦人会などの地縁組織やPTA，市民活動・NPOと比較しても，自治会への加入率は高く，世界でも例を見ない高い割合であることを指摘している。

同じ調査の2021年の結果でも，多くの団体への加入率は5％以下であるのに対して，町内会への加入は38.7％と依然として高くなっている。しかし，先の総務省の調査における2020年の町内会加入率が70％以上であることを考えれば，かなり低い数値である。明るい選挙推進協会の調査は，個人に対して行われるため，加入意識がある個人の比率を表すものである。これに対して，総務省の調査は，基礎自治体に対して行ったものである。町内会は世帯単位の加入であることもあり，町内会側や自治体が把

第6章　地域社会と町内会の変容

握している加入率よりも，個人の加入意識が低いということもこの結果からわかってくる。

コロナ禍による町内会への影響

2020年からの新型コロナウイルス感染症拡大は，地域活動に大きな変化をもたらし，町内会の活動もその影響を受けた。コロナ禍においては，不要不急の活動の自粛が要請され，地域活動の多くは休止・中止となった。特に，町内会の担い手の中心となっている高齢者層は，新型コロナ感染症によるリスクが高いこともあり，活動参加により慎重になったようである。こうした状況を受けて，元のように活動が復活してくるかは不透明な状況にある。

横浜市が2020年に行った町内会に対する調査結果によれば，例年通り実施できている活動としては，「回覧板などによる情報の共有（81.7％）」が高くなっており，他には「ごみの減量，再資源化（52.5％）」「防災活動（43.6％）」「街の美化事業（清掃活動・花壇の設置など）（48.8％）」といった外で行う活動が該当する。一方，できていない活動としては，「お祭り・イベントの開催（84.6％）」「仲間・居場所づくり（60.2％）」などが高くなっており，地域の懇親を深めるような活動ができなくなっていた状況が読み取れる。

俎上に載せられる町内会解散問題

近年，特に問題になってきているのは，町内会の解散の問題である。Googleで「町内会　解散」と検索しても，「都内で6年間に144減『役員の負担重すぎる』相次ぐ解散」（朝日新聞デジタル2023年2月12日），「町内会衰退，相次ぐ解散…消える防犯灯　帯広市」（読売新聞オンライン2023年10月3日），「（秋田県）大館の2町内会解散」（秋田魁新報2024年3月24日）と，町内会

解散の問題を伝える新聞記事も多くヒットしてくる。個人のブログやSNSでは,「町内会解散しました」「町内会の解散メリット・デメリット」といったものや,解散を指南するものも見られる。

　全国市議会議長会は2021年2月,国に対して,「自治会・町内会の縮小,解散問題に関する要望・提言」を行っている。各自治体レベルにおいて,町内会の解散が認識され,問題視されるようになってきているということであろう。

町内会以外の地域活動

　1998年の特定非営利活動促進法（NPO法）成立を受けて,2000年代はNPOへの期待が高まった。折しも,地方分権改革が進められており,2000年には地方分権一括法が施行され,地方自治体が地域の特徴をふまえた独自の施策を打ち出せるようになった時節である。また,バブル経済の崩壊後,「失われた10年」といわれる景気の低迷期を経て,自治体は財政がひっ迫し,行財政改革が喫緊の課題となっていた。これまでどおりの行政サービスができなくなるなかで,多くの自治体では「協働」施策が打ち出され,そのパートナーとして,NPOも位置づけられていった。

　NPO法成立以降,NPO法人は順調に増加し,2014年には5万団体を超えた。NPOと町内会とが協力することが,地域課題解決に向けて重要な課題であるとも認識されてきた。しかし,NPO法人は2017年をピークに少しずつ減少してきている。内閣府による調査の結果においても,NPO法人が抱える課題として,人材の確保や教育,後継者不足が挙げられており,世代交代が問題となっている様子がうかがえる。

　先の明るい選挙推進協会の調査結果でも,「NPO・地域づくり団体」への参加は,2021年の調査結果で1.9％となっており,2009年の調査でこの質問項目ができてから,あまり変動してい

ない。

　NPO法人ができて，地縁的な活動から，こうしたテーマ別の活動への参加の移行に期待される機運もあったが，実際のところ，活動の中心がNPO・市民活動に動いたという現象は見られなかった。それ以外の活動についても同様であることは，明るい選挙推進協会の調査結果で，町内会以外の活動では，その割合が低いことからもわかるだろう。

5　地域への新しい参加のスタイル

アメリカにおける参加の低下

　2000年代以降，人と人との関係を資本ととらえるソーシャル・キャピタル論が，日本でも流行した。その火付け役となったR. D. パットナムは，「米国コミュニティの崩壊と再生」という副題がつけられた『孤独なボウリング』（Putnam 2000＝2006）において，「入会好き（ジョイナー）」のアメリカ人がいかに参加しなくなっているかを問題にした。投票行動や政治的集会への参加，地域コミュニティやボランティアグループへの参加，教会への出席，労働組合への所属といった，幅広い範囲にわたる参加の低下が，1960年代以降に起きてきたことが示される。こうした参加や，ネットワークと信頼の指標を合成して，「ソーシャル・キャピタル指数」を作成し，これが犯罪や教育，健康や幸福といった多くの事柄に関連をもつことを示したのである。端的に言えば，これまで見てきたような地域社会の機能の低下は，犯罪率を高め，教育効果を低下させ，人々の健康や幸福感に害を及ぼす可能性があるというのである。この議論を受けて，日本でもコミュ

Column ⑪ 町内会に加入していないのは誰か

　小山弘美（2024）は，2021年に実施された世田谷区の調査データから，町内会に加入している人々の特徴を分析している。世田谷区の町内会への加入率（世帯）は2020年4月現在で51.3％である（日高 2021）が，個人に向けた無作為抽出の調査の結果では，加入率は29.7％であった。加入している人の特徴は60代・70代の高齢世代，居住形態は一戸建て持家または都営・区営住宅，居住年数は30年以上と長く，3世代世帯に住んでいる人であった。逆に30代・40代の若い世代，マンションやアパートの集合住宅住まい，居住年数10年未満，1人暮らしの人の加入率が低くなっている。町内会の役員たちが，若い人，集合住宅の人，新しく引っ越してきた人が町内会に入ってくれないということに頭を悩ませているが，それがそのままデータに表れているかたちである。

ニティ再生の議論が再燃した。

　また，パットナムは参加の内実の変化にも着目する。たとえば，1980年代以降，環境運動組織の会員数は爆発的に増えたものの，社会運動への参加の形態は，デモ行進や座り込みから，署名や会費納入，ニュースの購読に代わった。こうした関わりでは，ソーシャル・キャピタルの毀損につながるとしている。

新しい地域参加形態の模索

　須田木綿子（2010）は，こうしたパットナムの指摘に対し，「エピソディック・ボランティア」の可能性を示唆する。エピソディック・ボランティアは，活動の参加が不定期で，自身の都合と気分に合致する限りにおいて参加し，組織にコミットせず，会議に出席しない。私生活と活動とを明確に区別し，日常生活に制約が及ぶことを嫌うといった特徴を有する。活動への参加動機は，自身の関心や好み，キャリアプラン等の自己利益に端を発す

るものである。これらは,パットナムの指摘と同様に,真摯な参加とは受け止められないことも多いが,既存の権威や価値が後退し,個人主義が台頭するなかで,社会と個人の関係の再編や,自己実現のあり方を積極的に模索している存在ともとらえられると位置づけている。

　これまで地域の担い手となってきたのは,主婦や高齢者,自営業者など,昼間に地域にいて,比較的に時間の融通が利く人々であった。そのような人が社会全体として減少しているなかで,各自の関心や利害で動く人々をどのように地域活動に振り向けることができるか。地域の課題に合わせて,多様な関わり方のメニューを模索していくことが必要である。町内会はこれまでも,時代の変化に合わせて徐々にその内実を変化させてきた。現在も町内会用のアプリをとり入れたり,町内に増えてきた外国人との交流をもつなど,新しいチャレンジを続けている町内会も多い。今後も町内会への新しい参加のスタイルの模索を続けていくことが重要であろう。

引用・参照文献

　　地域コミュニティに関する研究会,2022,『地域コミュニティに関する研究会報告書』総務省。
　　日高昭夫,2018,『基礎的自治体と町内会自治会――「行政協力制度」の歴史・現状・行方』春風社。
　　日高昭夫,2021,「都市自治体における町内会自治会のあり方――加入率低下問題を中心に」『都市社会研究』No.13。
　　小山弘美,2024,「世田谷区の地域参加の現況と変化」せたがや自治政策研究所『「地域生活とコミュニティに関する調査」調査研究報告書――コロナ禍における世田谷区民の地域生活の変容』。

小山弘美, 2025,「町内会を中心とするコミュニティ・ガバナンスの転回」北川由紀彦ほか編『社会をひもとく』有斐閣。

倉田和四生, 1999,『防災福祉コミュニティ――地域福祉と自主防災の統合』ミネルヴァ書房。

中村八朗, 1980,「形成過程よりみた町内会――戦前における町内会」富田富士雄教授古稀記念論文集刊行委員会編『現代社会と人間の課題』新評論。

中田実, 2017,『新版 地域分権時代の町内会・自治会』自治体研究社。

Putnam, R. D., 2000, *Bowling Alone: The Collapse and Revival of American Community*, Simon&Schuster.(=2006, 柴内康文訳『孤独なボウリング――米国コミュニティの崩壊と再生』柏書房)

須田木綿子, 2010,「アメリカ――転換期にある民間主導のフィランスロピー」『大原社会問題研究所雑誌』2010年12月号, No. 626。

玉野和志, 2024,『町内会――コミュニティからみる日本近代』筑摩書房。

辻中豊・ロバート・ペッカネン・山本英弘, 2009,『現代日本の自治会・町内会――第1回全国調査にみる自治力・ネットワーク・ガバナンス』木鐸社。

Summary

　地域社会との関わりを, 特に都市部においてあまり感じることができなくなっているが, 実は誰かが行っている地域活動の恩恵を受けている。地域には多くの生活上の課題があり, これを地域が主体的に解決していくことが求められてきた。しかし, こうした活動を担ってきた人々が, 少子高齢化や就業状況, 家族構成の変化といった地域社会の構造的変化によって, 減少してしまっている。

　町内会はその成立過程を見ても, 行政との関係も深く, 地域課題の解決の中心的な主体である。しかし, その町内会も加入率が低下し, 担い手不足や高齢化といった問題を抱え, 解散する事例も出てきている現状がある。そうかといって, 一時期期待されて

いたNPO・市民活動に活動の中心が移ったというわけでもない。コロナ禍も地域活動の低迷に拍車をかけてしまった。そんななか，組織に参加せず，自分の関心にそって気ままに活動に参加するような関わり方も現れてきている。こうした状況を悲観するのではなく，そうした関わり方とも共存していけるような地域社会や地域活動のあり方の模索が，今後のカギを握るだろう。

SEMINAR セミナー

1. 自分自身が地域社会とどのような関わりをもってきたか，小さなころから現在までを思い返してみよう。それを周りの人と共有し，地域による違いを考えてみよう。
2. 身近な自治体について，施策への位置づけや，補助金の出し方など，町内会とどのような関わりをもっているか調べてみよう。そのうえで，自治体と町内会の関係について考察してみよう。
3. いくつかの町内会について，加入率や活動内容，課題などを調べてみよう。かつて行っていた活動と現在とで違いはないだろうか。地域の人口構成などをもとに，現状を分析してみよう。
4. 地域のなかで，若い世代が中心となって行っている活動について調べてみよう。町内会などの既存の活動との違いがあるか検討してみよう。

読書案内

玉野和志『町内会——コミュニティからみる日本近代』筑摩書房，2024

国や行政にとっての意味づけや，これに呼応するかたちで町内会の担い手となってきた都市自営業層の事情など，近代化の流れのなかで成立してきた町内会について理解が深まる。町内会の今

後を考えるうえでもヒントとなる1冊。

日高昭夫『**基礎的自治体と町内会自治会――「行政協力制度」の歴史・現状・行方**』春風社, 2018

　町内会自体の特徴についての検討もさることながら，町内会と基礎自治体との関係について，行政学の視点から再考している。歴史的な経緯が丹念にデータと共に提示されており，理解を深めることができる。

R. D. パットナム『**孤独なボウリング――米国コミュニティの崩壊と再生**』柴内康文訳, 柏書房, 2006

　ソーシャル・キャピタルとは何か，どのように測定すればよいかといった基本的なことがわかる。ソーシャル・キャピタルの語を世に広めたと同時に，多くの批判的議論のもととなる著作である。

 小山弘美◆

第7章　子ども・子育てと地域社会

イベントで「あそぼうパン」を焼いている子どもたち。普通の公園では禁止されていても、プレーパークでは、子どもたちが焚火をすることもできる。(羽根木プレーパーク。筆者撮影)

　かつての地域社会では、年齢階梯ごとの集団が形成されていた。そこでは、子育てをするような若い女性の集団もあれば、子どもや青年の集団もあった。母親たちはそうした場で子育てのノウハウを自然と教えられ、子どもたちも地域社会に見守られながら成長していったのである。しかしそうした地域における関係は、戦後徐々に崩れていった一方で、1970年代前後には、母親たちが共同で子どもに関する組織を新しく立ち上げていった。それから50年が経過した現在、1990年代以降に問題化した少子化がいよいよ深刻な状況となるなかで、子どもを取り巻く状況は、家族、地域、政策それぞれで大きく変化している。子どもや子育て世帯にとって、地域で仲間をつくっていくことが意識的にも状況的にも困難になるなかで、どのような対応がなされているのだろうか。

1 子どもを取り巻く状況の変化

子ども・子育てを取り巻く問題状況

今日の日本社会において，少子化は一番大きな問題とも言ってよいだろう。国立社会保障・人口問題研究所の 2023 年の日本の将来推計人口（出生中位・死亡中位）では，2050 年には人口が 1 億 400 万人程度となり，年少人口比率が 10 ％を割るという推計値となっている。18 歳未満の未婚の子どもがいる世帯は，2023 年から 1000 万世帯を割り込み，24 年には全世帯に占める割合が 18.1 ％となっている。全国を平均して考えれば，子どもがいるのは 5 世帯に 1 世帯であり，少数派である。そうしたなかで，子どもが迷惑な存在として扱われてしまう事例も多発している。公園で「子どもの声がうるさい」という近隣の苦情から，子どもの遊びに多くの制限がかけられたり，小学校なども含めて子どもの施設が迷惑施設ととらえられ，保育園の新設に反対運動が起きたりする。誰しもがかつて子どもであったはずであるが，子どもに寛容でない社会となってしまったのは，少数派である子どもや子育てをする親たちの存在が，身近でないということがあろう。

一方で，子どもの貧困，児童虐待，いじめ，不登校，ヤングケアラーなど，子どもを取り巻く困難な状況を伝える報道が，毎日のようになされている。そうした状況のなかで，いずれ結婚したいと考えている人の割合や，未婚者における希望の子ども数が減少している。また，夫婦の理想の子ども数よりも子ども予定数のほうが少なくなっており，理想どおりの子どもがもてない理由と

して,「子どもや教育にお金がかかるから」を半数以上の人が挙げている（子ども家庭庁 2024）。

2023年5月,当時の岸田文雄首相は,「異次元の少子化対策」を掲げ,2030年までが最後のチャンスとして,子ども関連予算を大幅に増やすことなどを示した。同年4月には,子どもに関する施策を一本化して扱う「こども家庭庁」が発足しており,「こどもまんなか社会」の実現がめざされている。このように,少子化が国家的なイシューとして認識されるようになったのは1990年以降のことである。その後,子育て支援を推進する施策は変化を遂げ,現在はかなり充実したものとなってきている。こうした施策は,個人や世帯が直接支援を受けるものが多く,地域社会と子どもや子育て世帯との関係は,より希薄になっているとも考えられる。しかし,子どもは大人ほど移動が簡単でなく,子どもや子育てを取り巻く問題は,やはり地域の問題として取り上げていく必要がある。

1990年以前は,子育てはあくまでも家庭における問題ととらえられ,政策としての対応は乏しかった。親（ほとんどは母親）たちは,地域のなかで課題を共有しながら,自分たちで互いに助け合う活動を行ったり,連帯して政策的な対応を求めたりしてきた。本章では,こうした1990年以前の親たちによる「子育ての共同」から,子育て支援が政策としても取り組まれるようになった90年代以降,「協働による子育て」へと状況が変化してきたことをとらえたい。まずは,議論の前提となる子どもを取り巻く変化を確認しよう。

家族の戦後体制　戦後,日本社会に長く根づいてきた家制度が崩壊し,家族のあり方は大きく変化した。1950年代以降の高度経済成長期には,多くの若者が大都

市へ移動し，結婚して子どもをもつようになる頃に郊外に移動していった。核家族化が進行し，専業主婦が増え，彼女たちが家事・育児を一手に引き受けるようになった。こうして「男は仕事，女は家庭」の性別役割分業が，特に大都市郊外部において定着した。

　落合恵美子（2019）は，1955年から75年くらいまでの間に，「家族の戦後体制」ともいえる安定した構造ができ，それがその後崩壊していったと指摘する。その特徴の1つは，上述したような「女性の主婦化」である。2つ目は「再生産平等主義」で，皆が一様に「適齢期」に結婚して，子どもが2, 3人いる家族をつくるという状況を表す。そして3つ目は「人口学的移行期世代が担い手」だったということで，端的にいうと，戦前生まれで戦後に子育てをした人たちは，きょうだいが多かったということである。その含意として，戦後，核家族化したのは下のきょうだいたちであり，多くの場合，長男は親と同居する状況が保たれ，「家」自体が急に崩壊したわけではなかった。また，郊外で地域関係が希薄化したといっても，子育てなどをきょうだいで助け合い，家族を担い手とする日本型福祉が成り立っていた。これらは一時期の時代的な背景によって確立した特徴でありながら，戦後日本の一般的な家族像をつくりだした。

　落合は，この家族の戦後体制の安定期とその前後で，時代を三区分しているが，今日の状況から考えると，1990年代を次の転機と位置づけてよいだろう。90年代は，政治における55年体制の崩壊，バブル経済の崩壊とその後の景気の長期低迷といったように，政治・経済においても変革期にあたる。この時期は，団塊ジュニア世代が子育て期に入るはずであったのに対し，実際には出生率の低迷や，晩婚化・未婚化が進んだ。皆が家族を形成して

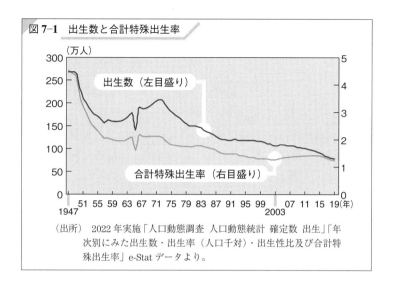

図7-1 出生数と合計特殊出生率

（出所）2022年実施「人口動態調査 人口動態統計 確定数 出生」「年次別にみた出生数・出生率（人口千対）・出生性比及び合計特殊出生率」e-Statデータより。

子どもを産み育てるという家族規範が衰退し，「家族の脱近代化」ともいわれる家族の多様化・個人化が進んだ。

今後も進む子どもの減少

こうした家族の状況の変化は，子どもの数の減少を加速させている。図7-1は戦後からこれまでの出生数と合計特殊出生率の変化を示すグラフである。出生数が250万人を超える戦後の団塊世代（1947～49年生まれ）と，出生数200万人を超える団塊ジュニア世代（1971～74年生まれ）に大きな山がある。1990年代，2000年代は微減が続いているものの，1970年代から80年代の減少に比べれば緩やかである。これは，団塊ジュニアとその少し下の世代が子育て期にあったことの表れであり，本来ならばここにもう一山あるはずであった。2005年に合計特殊出生率が1.26で底をうったのは，出産年齢が高まるなかで，団塊ジュニア世代が高齢出産期に入る時期だったからともいわれている。

第7章 子ども・子育てと地域社会　149

つまり，団塊ジュニア世代は，次世代の人口の塊をつくらずに，90年代から2000年代にかけて，出生数を維持するにとどまったということである。

問題はこの後であり，2015年以降に100万人を切ったあたりから，出生数が大幅に減少し始めている。1990年代以降に生まれた人口数の少ない世代が親になっていくなかで，合計特殊出生率を維持したとしても，出生数の大幅な減少は回避できない。その合計特殊出生率についても，2023年に過去最低となる1.20を記録したことが報じられ，大きな話題となった。特に東京都では，0.99と1を下回ったことが衝撃を与えた。

2 「子育ての共同」の時代

> 地域における母親たちの運動や活動

家族の戦後体制が確立していく時期から1980年代までは，子どもが多い時代であり，86年の児童のいる世帯の割合は46.2％（「2021年国民生活基礎調査の概況」より。2021年は20.7％）であった。このころまでは，半数の家庭には子どもがいたということである。専業主婦のいる世帯の割合は，1970年代にピークを迎えたものの，80年代くらいまでは，半数以上の家庭では，働いていない母親が家にいる状況であった。戦後「家」と地域の関係が薄まっても，女性が子育てを担う構図はなくならず，核家族化と専業主婦化が進むなかで，母親だけが子育てを担うようになっていた。そうしたなかで，婦人会や子ども会などの地縁組織や，PTAや青少年育成のための教育・学校関連組織，スポーツ・文化や子どものレクリエーションの会など，多くの子どものため

の活動が母親たちによって担われていた。

またこの時代は,住民運動が全国各地で起こっていた時代でもあり,連帯と要求,そして制度化に向かった時期といえる。子どもを取り巻く環境に対しては,主に母親たちによる運動が展開した。たとえば,人数の多い団塊世代や団塊ジュニア世代が通う小中学校は,仮校舎にすし詰めの状況であり,高校の増設も切望された。1955年には高校進学率は5割程度であったが,1974年には9割を超え,目標とされてきた「高校全入」が実現していった。

共働き世帯においては,学校から帰宅後の日中に,家に誰もいない「かぎっ子」が問題となっていた。1971年の『厚生白書』では,かぎっ子の増加が問題視されているものの,当時は母親の就業をいさめるような論調であった。こうした国や行政の取り組みの遅さに対して,親たちが保育料を出し合い,「共同保育」を行って対処した。1962年には東京に学童保育者連絡協議会がつくられ,67年には全国学童保育連絡協議会が結成されている。こうして全国の親たちの活動が結集して,学童保育の制度化を目指し,毎年署名活動を行うなど国や行政に働きかけてきた（実際に法制化されるのは1997年である）。

一方で,専業主婦である母親たちも,子どもたちにさまざまな体験・経験をもたらす活動に取り組みながら連帯していった。地域文庫活動や,親子映画鑑賞,子ども劇場などの取り組みが全国的に広がり,1970年代の前半に全国連絡会が結成されている。こうした母親と子どもの活動が全国各地で広がり,また全国組織化していったのである。

他にも母親たちは,障害児を抱えた親たちの会といった自助の会,食べ物の安全を目指した生活クラブ生協運動や,自分たちの声を反映するための議員を議会に送る代理人運動といったように,

新しい運動をもけん引した。それは，母親という立場を前提とした，多くの場合「子どものための」運動や活動であった。この頃までは，核家族のなかで，主に母親のみが子育てに取り組まなければならない状況であったものの，地域のなかには多くの同じ立場の母親たちが存在していた。さまざまな問題状況に対して，地域または全国に広がる子ども組織のネットワークを形成し，母親たちが共同で対処していった時代と位置づけることができる。

子どもと地域コミュニティ

1960年代の学生運動の時代が過ぎ，1970〜80年代は，校内暴力，非行集団（番長グループ），暴走族など，非行少年少女の問題が多く取り上げられるようになっていた。また，「金属バット殺人事件」や「横浜浮浪者襲撃事件」といった，センセーショナルな青少年による凶悪事件が起きる一方で，子どもの自殺も問題となっていた。子どもたちが問題を抱え，それがクローズアップされた最初の時代ともいえる。

こうした状況に対し，増山均（1986）は，子どもは「遊び」や「仲間集団」との関わりのなかで育っていくのであり，子ども自身が生活の主人公となる「子ども社会」が重要だとする。かつてはガキ大将を中心に，異年齢の地域の子ども集団が自然発生的に存在していた。しかし，子どもの孤立化・管理化が進むなかで，大人が意識的に働きかけを行い，「子ども組織」をつくらなければならない時代になったという。その指摘のとおり，「子ども会」や「少年団」，「プレーパーク」活動など，子どもの自主性を育てる環境を，大人がつくりだす試みが多くなされていた。

なかでも子ども会は，ピークの1985年には15万1891団体あり，加入者数は800万人を超えていた。地域によって，あるいは組織によって，その形式は多様であり，それゆえにこれだけの

Column ⑫ 自由な遊び場をみんなでつくる

　子どもの数も多く，社会的環境の変化が子どもたちを取り巻いていた1970年代，子どもの遊びに疑問をもった親たちが，子どもの自由な遊びを確保するための取り組みを始めた。東京都世田谷区で産声を上げたプレーパーク活動は，現在全国組織化もなされており，全国各地で少なくとも500程度の取り組みがなされるまでになっている。世田谷区内にも何か所かのプレーパーク活動があるが，この活動をけん引してきたのは，NPO法人プレーパークせたがやが運営する4つのプレーパークである。これら4つのプレーパークは，世田谷区が施策に位置づけて設置し，現在はNPO法人が事業を受託して運営されている。2000年以降，NPO法人への事業委託は珍しくないが，世田谷のプレーパークはその設立時から世田谷区とプレーパークを実際に運営する住民（世話人会）との協働で開設されてきた。

　区立公園の中に初めて「羽根木プレーパーク」が設置された1979年当時は，住民と行政が「協働」するなどということはまったく前例がなかった。そのため，行政との関係は最初から対等だったわけではない。またある意味「特殊」な活動目的をもった団体が，地域から歓迎されたわけではなかった。しかし，プレーパークに関わる子どもの親たち，あるいは現場にいて子どもたちの遊びを見守る「プレーワーカー」たちは，子どもたちが自分がやりたいことをやりたいようにできる遊び場が必要だということを中心におき，粘り強く行政や地域との関係をつくってきた。世田谷のプレーパークには，「自分の責任で自由に遊ぶ」という立て看板が立っている。プレーパークに広がる子どもがいきいきと遊ぶ独特な雰囲気は，プレーパークの運営者も，そこで遊ぶ子どもたちも，自分たちの行動の責任を引き受け，周りの理解を得ながらつくってきたからこそ成り立つのである。

組織率となっているともいえる。地域の子どもが基本的に全員加入することが前提となるような，PTAや学校，町内会・自治会によるものが多い一方で，希望者が加入する有志によるものもあった。季節ごとに子どもを対象にしたイベントを行うだけといった活動が多いものの，積極的な意義も指摘されている（藤本 1974）。それは，近隣における異年齢の遊びの集団としての役割であり，体験の幅を広げ，考え方の土台を築くといった，いわば社会化の場の提供である。また，年長の子どもたちがジュニアリーダーとなって，行事を考えたり，指揮したりということが重視されている会もあった。

子ども会のモットーはそもそも，「子どものための，子どもによる，子ども会」だと言われ，子どもたちの自発性や主体的計画性を尊重し，育てるという目的がある（藤本 1974）。地域のなかで，子ども同士あるいは子どもと大人との関係をつくる共同の場として，子ども自身が育っていくことが重視されていた。またそうした場を，大人たちが意識的につくっていた一例である。

ここでいう共同とは，まさにコミュニティを指すものと考えてよい。1970〜80年代は，地域社会の関係がこれまでと変化するなかで，コミュニティが希求された時代である。「子育ての共同」の時代は，子どもを取り巻く環境整備や，子どもの生活や育ちを守るためのコミュニティが求められ，つくられていった時代であるともいえる。

3 問題化する「子育て」

> 「子育て」という問題

1990年代以降は、子どもの育ちといった子ども自身への視点よりも、親側の「子育て」が問題になっていく。1990年に前年の合計特殊出生率が発表され、それまでの戦後最低だった66年(「丙午」の年で出産が忌避された)を下回ったことが、「1.57ショック」と称され問題視された。その後、国家的な政策として少子化対策が取り組まれるようになる。子どもを産み育てることは、それまで「家庭」の問題ととらえられてきたが、「社会」の問題であると認識されるようになったのである。育児ノイローゼや子どもの虐待など、子どもの問題というよりも親が抱える問題がクローズアップされてきたころである。そこで認識されていくのが、母親たちの孤立した状況であった。家族の戦後体制が崩れるなかで、核家族化しているうえに、親族にも頼ることができず、地域関係は希薄になっている。家庭内においても、夫は仕事に忙しく、家事育児は妻まかせという状況である。こうした状況に対して、「子育ての社会化」が目指され、政策として子育て支援の充実が取り組まれていった。

> 国による政策的対応の変遷

政府としてまず取り組んだのは、少子化対策であった。1994年には「エンゼルプラン(今後の子育て支援のための施策の基本方針について)」、99年には「新エンゼルプラン(重点的に推進すべき少子化対策の具体的実施計画について)」が策定された。これら90年代の対応としては、保育サービスの充実や、雇用環境

の整備など，特に共働き世帯を対象にした，子育て環境の整備が中心であった。

　2003年には「次世代育成支援対策推進法」および「少子化社会対策基本法」が制定され，04年に「少子化社会対策大綱」および新エンゼルプランに代わる「子ども・子育て応援プラン（少子化社会対策大綱の具体的実施計画）」が策定された。児童虐待も社会問題化するなかで，2000年代には，これまで進められてきた共働き世帯に向けた保育対策から，在宅で乳幼児の子育てを行う家庭も含めた，すべての子どもを対象にした施策にシフトした。

　「少子化社会対策大綱」では，「子どもを生み，育てることに喜びを感じることができる社会」への転換も課題として挙げられており，人々の意識の変化に対する危機感も表れてきている。ここでの新たな視点・取り組みとして，若者の雇用の不安定な状況への着目と，家族の見直しや地域の支えあいへの強調を指摘できる。「子ども・子育て応援プラン」のタイトルどおり，子ども自身の育ちや，若者として自立していく過程を含めた視点が盛り込まれていることも特徴といえるだろう。

　その後2010年には，「子ども・子育てビジョン」が閣議決定され，「子どもが主人公（チルドレン・ファースト）」「『少子化対策』から『子ども・子育て支援』へ」といったテーマ設定がなされた。12年には通称「子ども・子育て関連3法」が成立した。市町村において「子ども・子育て会議」の設置が努力義務化し，消費税の充当先として少子化対策も含まれることになった。これにより，予算措置が大きく増加し，経済的支援を含めて，多くの施策が取り組まれる状況となっている。この結果が，後述の各自治体による多様な支援メニューの提供につながっている。直近では，23年に「こども基本法」が施行され，「こども家庭庁」が発足した。

Column ⑬ 区民版子ども・子育て会議！？

　東京都世田谷区の「子ども子育て会議」は2012年の子ども・子育て法に基づき，「子ども・子育て会議条例」を施行したうえで，区長の付属機関として2014年度から設置されている。メンバーは学識経験者，保育施設や幼児教育施設等の事業者や利用者および公募区民によって組織されている。

　一方で，同じ2014年4月から「せたがや区民版子ども子育て会議」が開催されてきた。これを区の協力のもと主催してきたのは，NPO法人せたがや子育てネットであり，子どもや子育て支援のあり方を市民の目線で検討することを目的としている。初年度には11回の会議が開かれ，「身近な場所での親子支援」「子どもの生きる力の育み」「若者への切れ目のない支援」「子ども・子育て資源マップづくり」など，さまざまなテーマで検討がなされた。その後も，年に3，4回のペースで開催され，その時々で話題・課題になっていることや，国や区の新しい施策に対して，その理解を深めたり，各自のパブリックコメントの提出を促したりしてきた。この会議には誰でも参加できるという点は，行政の子ども子育て会議とは大きく異なっている。毎回参加者が入れ替わるものの，多くの区やその関係機関の職員，子ども・子育て団体の関係者，子どもの保護者，学識経験者，時には高校生や大学生もが参加し，40人から多い時には100人近くも集まって開催されている。ここで出た意見は，世田谷区に提言されたり，あるいは参加している職員を通じてインフォーマルに施策に反映されたりする，とても実践的な会議となっている。

そこでは，子どもや若者の権利の重視や，意見表明や参画の機会の確保がうたわれていることに特徴がある。

実際の子育て施策　　現在，多くの基礎自治体のウェブサイトでは，子育て支援のメニューがたくさん紹介されており，子育て支援専用のページがつくられるなど，力

が入れられている。人口減少が進み，子育て世代の移住人口の取り合いの様相を呈するなかで，自治体によって子育てに関する施策，取り組みが大きく異なっている。これらを大きく分類すると，医療費や幼児教育・保育などの無償化や児童手当などの支給といった経済的な支援と，保育所や地域子育て支援拠点，児童館といった施設の整備がある。他にも，子どもの年齢に応じた相談機能や，一時保育といった共働きでない家庭でも子どもを預けられる制度など，多様なニーズに合わせたきめ細かなサービスが提供されている。

　2000年に地方分権一括法が施行され，地方自治体の権限が増えるなかで，自治体ごとに地域の状況を加味した施策を打てるようになった。自治体ごとのバラエティに富んだ子育て施策も，こうした背景によるところが大きい。

　これらの支援は，基本的には，子育て世帯が個別に受けるものが多い。そのなかでも，地域子育て支援拠点など，地域のなかに拠点を設けて子育て支援を行う取り組みは，特に地域社会との関係も重要となる。

4 「協働による子育て」とその展開

協働による子育て支援　　2004年の「少子化社会対策大綱」では，子育ての新たな支え合いと連帯が求められるなかで，子育て支援の拠点をつくっていくことが示されているが，これにはNPOなどの民間団体も含めて多様な主体が参加できることが示されている。1998年に特定非営利活動促進法が施行され，これまで任意団体として活動してきた市民活動・ボラ

ンティア団体が、法人格を取り、行政からの委託を受けることも増えてきた時期である。

　2003年の第27次地方制度調査会答申では、地域における住民サービスは、行政のみが担うのではなく、コミュニティ組織、NPOその他民間セクターと協働して取り組むものであることが指摘された。2000年代は、地方自治体において、協働施策が展開した時期でもあった。

　実際、子育て支援の拠点や親子が集うひろばの運営は、NPO法人等の民間セクターが委託や指定管理を受けて行っている場合が多い。「つどいの広場事業」が2002年に制度化された際に、NPOも実施主体として示されるにあたり、1つのモデルとなったのが、横浜市港北区の「おやこの広場びーのびーの」であった（NPO法人びーのびーの編　2003）。

　「おやこの広場びーのびーの」は、親への支えと仲間づくりが必要だと考えた乳幼児をもつ母親たちが始めた取り組みである。武蔵野市が設立した「0123吉祥寺」の取り組みに共感したことがきっかけとなった。「0123吉祥寺」は、保育園でも幼稚園でもない子どものための施設として設立され、その後のひろば型といわれる子育て支援の先駆的な取り組みである。びーのびーのを立ち上げた母親たちは、自分たちで仲間や資金を集めて2000年2月にNPO法人を設立し、4月から商店街の一角に「おやこの広場びーのびーの」を開設した。対象は0・1・2・3歳児とその親であり、子どもが大勢の人のなかで育つことや、親が他の親やスタッフから学び支えられ、孤立せずに安心して子育てをしていける、そんな場を目指している。

　設立当初は、制度的な枠組みがなく、会費や自主事業、細かな助成金を集めて運営していた。設立した2000年の暮れに、ひろ

ば事業の制度化に向けて，厚生労働省職員が視察に訪れ，NPO との協働による運営が意識されるきっかけとなった。現在は，2018 年に認定 NPO 法人となり，補助金や助成金あるいは委託事業を横浜市などから受けることで，事業を多様に展開している。

横浜市には「親と子のつどいの広場事業」だけでも，2023 年時点で 74 カ所あり，24 年度にはさらに拡充していく方針で，予算も 7 億円に近い。公設公営で実施しているのではなく，補助事業として展開し，NPO 法人や任意団体が補助を受けて運営している。このように，地域のなかでの子育て支援が制度的に位置づけられ，NPO 法人等の組織が補助や委託を受けて取り組む，行政と民間セクターとの協働による子育て支援が成立しているのである。

「協働による子育て」の展開

地域社会に自然と存在していた共同性が戦後失われていくなかで，1970〜80 年代は，母親たちが子どもを育てるという共通のテーマをもち，共同でこれに対応してきた時代であった。1990 年代以降，家族の多様化の時代には，その絶対数の少なさも相まって，母子は孤立していった。これに対し，政策的な対応がなされ，地域における子育て支援も制度化が進んできた。こうした変化は，長らく家庭の問題ととらえられてきた子育てに関して，専門処理システムへの依存が進み，都市的生活様式の深化が進んだ（倉沢 1977）ともとらえうる。ここで留意しておかなければならないのは，都市的生活様式の深化は，問題の当事者を疎外してしまうということである。

「協働」の担い手には住民が含まれているものの，組織と組織の連携に重心が置かれてしまう。ともすると，子どもや子育て世帯が，単なるサービスの利用者となってしまいかねない。この懸

念に対し希望の灯となるのは，びーのびーののようなNPO法人が，専門処理システムの担い手として参入していることである。びーのびーのがこだわってきたのは，たとえ補助金があったとしても会費を支払ってもらうことで，自分も参画している意識をもってほしいということ，また，「支援する側」「支援される側」の関係になってしまわずに，「支援されたい」という気持ちから「共に支えていきたい」という思いをもってもらうということであった（NPO法人びーのびーの編 2003）。予算規模が大きくなり，事業が多様化した現在においても，それは変わっていない。子育ての制度化，システム化による当事者の疎外状況を，慎重に回避する態度，信念をもっていることがうかがえる。

　また，NPO法人は，本章で取り上げたような行政との協働関係だけでなく，町内会，商店街などの地縁組織や，幼稚園，学校などの教育施設との関係をも築いている場合も多い。解決すべき課題をもって活動するため，多様な組織・団体との連携が必要になるのである。目的達成や課題解決のために，全国的な組織を立ち上げたり，時には政策提言を行って，国や行政の施策を動かすこともある。母親たちが連帯して共同で対応してきた時代から展開し，他のさまざまな立場の組織や人々とも共同して行動を起こすことが可能なのである。協働施策に取り組む自治体も多く，行政もこうしたネットワークの一員ととらえることも可能である。すなわち，「協働による子育て」は，子どもや子育てというテーマを取り囲む，地域社会の多様なアクターの連携によって成り立つ。そのためには，「協働」を行政の下請け的な狭い範囲にとらえることなく，多くの人や組織との平等な関係を結んでいくような，そんな取り組みが目指されていくべきであろう。その際，子どもや子育て世帯の当事者としての「かかわりしろ」を，どのよ

うにつくっていけるかが課題となる。こども家庭庁による子どもの意見を反映する取り組みに大いに期待したい。

引用・参照文献 Reference

藤本浩之輔，1974，『子どもの遊び空間』日本放送出版協会。
こども家庭庁，2024，『令和6年版こども白書』。
倉沢進，1977，「都市的生活様式論序説」磯村英一編『現代都市の社会学』鹿島出版会。
増山均，1986，『地域づくりと子育てネットワーク』大月書店。
NPO法人びーのびーの編，2003，『おやこの広場びーのびーの』ミネルヴァ書房。
落合恵美子，2019，『21世紀家族へ――家族の戦後体制の見かた・超えかた〔第4版〕』有斐閣。

Summary サマリー

　少子化が大きな問題となるなかで，1990年以降，子育て支援において国や行政の政策的な対応が求められてきた。一方で，戦後1970年代までに成立した「家族の戦後体制」が崩れ，家族形成の規範が衰退し，晩婚化・未婚化が進み，少子化は加速している。

　子どもが多かった1970～80年代は，母親たちが子育てに共同であたった時代と位置づけられる。核家族化，専業主婦化が進むなかで，子育てを母親たちが一手に引き受けることになったが，同じ立場である母親が地域のなかに多く存在し，協力・連帯して，子どもたちの育ちに必要な取り組みを自分たちでつくり出し，また要望していった。この時期は子どもたち自身の経験を重視し，地域の共同の主体として扱う取り組みを，親たちが意識的につく

り出していた。

　一方、1990年代以降は、母親たちの孤立が認識され、「子育ての社会化」が目指され、施策としても対応が迫られてきた。国の政策はまずは少子化対策として取り組まれたが、共働きの保育中心の取り組みから、すべての親たちを対象に支援する発想に変わり、さらにだんだんと子どもを中心としたものに変化してきている。

　このように、子育て支援の制度化が進むなかで、地域子育て支援拠点事業などの取り組みに対し、NPOや民間組織もその担い手として位置づけられている。地方分権が進み、協働施策が多くの自治体で取られるなかで、子育て支援もNPOとの協働によって取り組まれているのである。こうした協働による子育てへの対応は、さまざまな立場の人びとや組織による、地域における共同を生み出す可能性をもつ。一方で、子育て当事者を疎外せずに「かかわりしろ」を担保することが重要である。

SEMINAR セミナー

1. 結婚や家族を取り巻く状況について、全国調査の結果をもとに変化を挙げてみよう。
2. 父親や母親の世代の人たちが子どものころ、どこでどのような遊びをしていたかをインタビューし、自分たちと比べてみよう。
3. 自分がこれから子育てをするとして、自治体によってどのように子育て支援施策に違いがあるかを調べてみよう。
4. 子育て支援を行うNPO法人や市民活動について調べてみよう。

読書案内

落合恵美子『21世紀家族へ——家族の戦後体制の見かた・超えかた〔第4版〕』有斐閣，2019

戦後から2000年くらいまでの家族の変化がわかりやすく紹介されている。第4版では，本章でも取り上げた「家族の戦後体制」が本当に終わったのかを問い，2000年代以降の変化に触れている。文体も読みやすく，家族社会学に触れる出発点として参照するとよい。

玉野和志『東京のローカル・コミュニティ』東京大学出版会，2005

東京の中心部にほど近い「ある町」を舞台とした，戦前から戦後の地域社会の成立と変化を取り上げるモノグラフである。特に第4章「母親たちの挑戦」は，1970～80年代に，子育ての困難に直面する専業主婦の母親たちが，地域社会における人間関係を築きながら，施設建設請願運動を展開する様子がわかりやすく記されている。

小山弘美『自治と協働からみた現代コミュニティ論——世田谷区まちづくり活動の軌跡』晃洋書房，2018

NPOや市民活動が自治的な活動を行い，行政と協働していくためには何が重要となるかを検討している。子どもが自由に遊べる遊び場を運営するプレーパーク活動も取り上げられており，行政との協働事業の好例として紹介されている。

———————— 小山弘美◆

第8章 生きづらさを抱える人々と地域

フードデリバリーの配達員 (時事通信フォト提供)

☞ 家族をもたない人や，不安定な雇用形態で働く人など，さまざまな「生きづらさ」を抱える人々が増えている。こうした人々の受け皿として地域に期待がかかるが，少子高齢化のあおりを受けて，地域社会ではこれまでその中心を担ってきた定住型人口の減少に見舞われており，地域社会の体力そのものが低下の危機にある。さらに従来の地域社会はその性質から，帰属の不確かな人々を排除したり，見えない存在としたりしがちな傾向があったことも事実であった。そこで近年では新たな居場所としてのサードプレイスの増加や，地域福祉における新たな試みの展開などによって，これまでの地域社会の限界をのりこえて，多様な人々の居場所となりうるような取り組みが増えつつある。こうした取り組みにはまだ課題はあるものの，従来の地域社会の限界を超える新たな役割の創出が期待されている。

1 生きづらさを抱える人々

生きづらさというキーワード

最近,「生きづらさ」という言葉がよく聞かれるようになった。人間関係における生きづらさ,職業生活における生きづらさ,病気や障害による生きづらさ,ジェンダーによる生きづらさなどさまざまな使われ方をしている。生きていくうえで直面する辛さ苦しさを幅広くとらえた言葉だからこそ,これだけ急速に広まったのだろう。

現代社会には不安定就労,ひきこもり,ヤングケアラー,シングルマザーなど,さまざまな生きづらさを抱える人々がいる。本章ではこうした人々と地域社会の関係を考えたい。

かつて鈴木栄太郎は「正常人口の正常生活」の理論を唱え,「正常生活とはその生活の型を続けて行く事によって,少くとも社会の生活が存続し得るものであり,異常な生活とは,その生活の型を続けては社会の生活が存続し得ないものである」(鈴木 1957)とした。具体的には,職場や学校と世帯とを往復する生活が正常生活であり,そのような生活を送る人々が正常人口にあたる。ここでは職業的な安定と家族の形成が,生活の持続可能性に決定的な重要性をもつと考えられている。

さらに,正常人口であることは社会参加の一種のパスポートとしてもはたらく。これを西澤晃彦は定住という概念を用いて次のように表現する。「帰属する組織をもつこと,帰属する家族があること,そして定住していること,そのような要件を充たすことによって私たちは『まとも』であった」(西澤 2010)。「まとも」

であるためには，組織と家族への帰属，そして定住という3つの要件を充たさねばならなかった。

これらの要件を欠く場合，社会参加の制約があるだけでなく，複数の困難を同時に抱えやすい。たとえば現在の日本では，母子世帯の46.5％が非正規労働者であり，母親自身の就労収入は平均で年間236万円，世帯全体でも年間373万円となっている。これは子どもがいる世帯全体からみて半分以下の水準である。こうした状況が生きづらさにつながることは容易に考えられよう。このほか職場や家族などのつながりが弱かったり，そもそももっていなかったりする人々は，何らかのかたちで生きづらさを抱えている可能性が高い。

このような考えにそって本章では，家族をもたず，不安定な雇用で働く人々を念頭におきながら，生きづらさを抱える人々と地域社会との関係を考えていきたい。本章の見取り図を大まかに示すと次のようになる。まずは職業や家族の変化から，生きづらさを抱える人々の増加の背景を検討したのち，今の地域社会には受け皿としての余力も適性も見出しにくいということを論じる。そのうえで新たな可能性に向けた取り組みとして，サードプレイスと地域福祉の2つを検討する。

「支える側」「支えられる側」の構造とその揺らぎ

宮本太郎によれば，日本の社会保障は「支える側」と「支えられる側」に明確に二分した構造となっており，近年それが揺らいでいるという（宮本 2017）。「支える側」とは，安定した雇用のもとで働く男性稼ぎ主とその家族であり，「支えられる側」とは，就労できないとみなされ，福祉や社会保障の対象となる人々である。従来の日本の社会保障は，男性稼ぎ主とそのケアを一手に担う専業主婦というモデルをおいて「支える側」を制度

的に支援しつつ、「支えられる側」を、それにふさわしい存在として念入りに選別し、一方的に保護される立場へと押し込めるかたちをとってきた。

しかし現在では、男性の雇用の不安定化や共働き世帯の増加などによって、これまでの「支える側」が以前に比べて力を落としている。一方、「支えられる側」には選別の枠にはまらない、これまでの福祉ではカバーできないニーズをもつ人々が増えてきた。こうして「支える側」「支えられる側」のいずれも従来の枠組みにそぐわなくなったことで、社会のあちこちで生きづらさが感じられるようになったと考えられる。以下では、この揺らぎにつながる雇用と家族の変化を見てみよう。

雇用の流動化 第1に挙げられるのは雇用の流動化である。日本の雇用慣行の特徴はメンバーシップ型の雇用にある。このメンバーシップ型雇用のもとで、日本的雇用と呼ばれる独特の雇用慣行を形作ってきた（濱口 2009）。

日本的雇用は、終身雇用、年功賃金、企業別組合の3点を特徴とする。これは労働者に「職務内容」「勤務地」「労働時間」の3つの無限定性を求めるシステムでもあった（筒井 2015）。入社した後は、どの部署に配属されるかわからない。これが職務内容の無限定性である。次に、勤務先の指示によって世界中どこにでも転勤の可能性がありうる、すなわち勤務地は会社が決める。これが勤務地の無限定性である。そして残業代がつく・つかないにかかわらず長時間の労働がついてまわる。これが労働時間の無限定性である。

このような無限定な働き方は、男性が働き女性が家事や育児・介護などのケア役割を担う「男は仕事、女は家庭」というジェンダー構造を背景に維持されてきた。しかし図8-1にみるように、

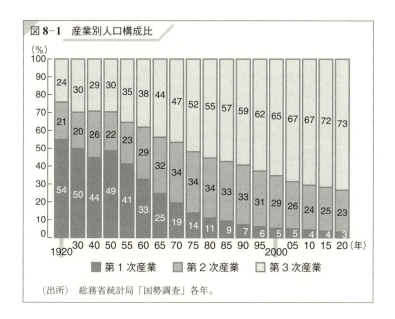

図8-1 産業別人口構成比

（出所）　総務省統計局「国勢調査」各年。

　第3次産業が中心となる脱工業化の進展に伴って男性の雇用が不安定化し，一方でサービス産業を中心に女性の職業社会への参入が活発化すると，このような雇用のあり方は無理をきたすことになった。

　とくに雇用をめぐる変化として，2000年代前後から非正規雇用の労働者が増加した点は重要である（図8-2）。さらにまた現在では，雇用者ではなくフリーランスとして事業者と単発の契約を結ぶギグ・ワーカーなどの働き方も現れている。こうしたなかには，実態は労働者と変わらない「偽装フリーランス」の存在も指摘されており，社会保障を支える構造が揺らぎ，従来の区分に基づく制度では対応できない状況が現出してきている。

> 家族の変化

雇用の流動化と並行して，家族をもたない人が増えた。とくに未婚者に注目して

第8章　生きづらさを抱える人々と地域　　169

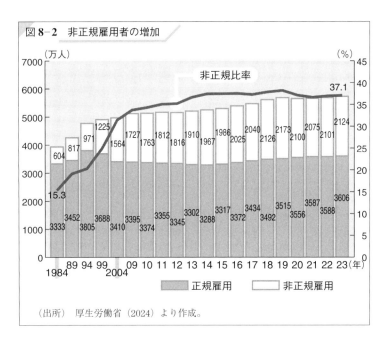

図8-2 非正規雇用者の増加

(出所)　厚生労働省（2024）より作成。

みたい。50歳時点で一度も結婚したことのない人の割合を生涯未婚率と呼ぶが，この数値が20世紀末ごろから急激に高まっている。1980年ごろまで生涯未婚率は2％を下回っており，日本はほとんどの人が結婚する皆婚社会であった。その後1990年代以降に生涯未婚率がまず男性で上昇しはじめ，続いて2000年代に入ってから女性の未婚率も上昇に転じた。今や男性の4人に1人，女性の6人に1人は生涯結婚しない時代である（図8-3）。

　未婚者の人数を見てみると，2000年代に入って未婚者の年齢に変化があったことがうかがえる。日本の総人口の増加と歩調を合わせて未婚者は増え続けてきた。しかし50歳以上の未婚者は1980年ごろまでほとんどおらず，ほとんどの未婚者はいずれ結婚する若年層であった。しかし1990年以降は50歳以上の未婚

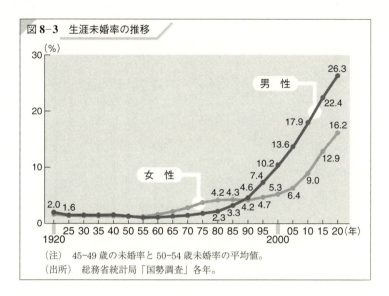

図8-3 生涯未婚率の推移
（注） 45-49歳の未婚率と50-54歳未婚率の平均値。
（出所） 総務省統計局「国勢調査」各年。

者が増加しはじめ，2015年には男女合わせて50万人を突破し，20年には64万人にのぼっている。とくに2010年以降の未婚者の増加はほとんど50歳以上の未婚者の増加で説明がつくほどで，生涯未婚の人々が目立って増えていることがわかる（図8-4）。

　この人々はやがてそのまま高齢単独世帯に移行する。このほかにも，何らかの理由で家族から離れて生活する人や，家族による支援を期待できない人など，さまざまな理由で家族とのつながりが弱い人々がいる。

　このように，職場にも家庭にも十分な基盤をもたない人の割合が増えつつある。「帰属」の不確かな人々が帰属しうる先として，地域社会にかかる期待は大きい。

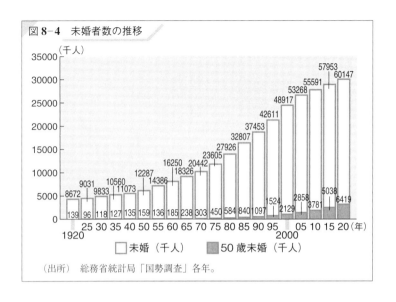

図8-4 未婚者数の推移

(出所) 総務省統計局「国勢調査」各年。

2 地域社会と生きづらさ

地域の弱まり

　これまで見てきたように、現代では家庭・職業のいずれにも確固たる足場をもたない人々が増えている。こうした人々が生活上の諸問題をすべて一人で解決するのは難しい。それゆえに地域に期待がかかるのだが、地域社会はこうした人々の参加に積極的でなかった。その理由として、1つはこれまでの地域社会を支えていた構造の変化があり、もう1つは地域社会そのものが内包する閉鎖性がある。

　地域社会は、そこに住居をかまえて仕事と家族をもち、子どもを育て、ときに世代をこえて生活を送ることが想定されていた空間である。しかし現在では、このような想定が成り立ちにくい。

国勢調査の結果をもとに世帯類型の変化を見てみよう（図8-5）。政府の家計調査に「標準世帯」という言葉がある。夫婦と子ども2人で構成され，そのうち有業者が世帯主1人だけの世帯をさす。イメージとしては働く父親と専業主婦の母親，そして2人の子どもからなる4人家族である。1980年の時点では夫婦と子どもからなる世帯が全体の42.1％にのぼり，まさに「標準世帯」であった。三世代世帯も16.7％と6軒に1軒くらいの割合で存在しており，ひとり親世帯の5.7％と合わせると，全体の3分の2に近い64.6％の世帯に子どもがいた。

　ところが今や情勢は逆転している。就業状況を無視して家族形態だけに注目しても，夫婦と2人の子で4人家族というケースは今や多数派ではない。夫婦と子どもからなる世帯は2020年で25.1％に，三世代世帯は4.4％にまで減少した。ひとり親世帯の9％を加えても40％に届かず，子どものいる世帯は少数派になってしまった。子どもは地域社会との関わりに参入する大きなきっかけになる存在であるため，これは社会全体で地域社会に参入する機会が減少していることを意味する。

　逆にこの間最も数を増やしたのは単独世帯であり，年々増え続けて現在では4割に迫ろうとしている。ついで夫婦のみ世帯も2割を超えている。子どもがなく，地域社会と関わる契機にとぼしい世帯のほうがむしろ多数を占めている。

　単独世帯はおもに，高齢単身世帯と若年未婚者の単身世帯の2類型が中心となっている。現在の高齢者はほとんどが結婚した世代であるため，現在は単身で暮らしていても，離れて暮らす子どもが訪ねてきたりすることはある。また，長く居住している場合は，以前からの近所づきあいも一定の継続があるだろう。しかし若年未婚者の単身世帯は，地域と関わる契機に乏しい。

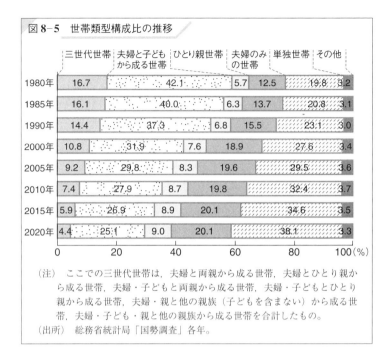

図8-5 世帯類型構成比の推移

(注) ここでの三世代世帯は，夫婦と両親から成る世帯，夫婦とひとり親から成る世帯，夫婦・子どもと両親から成る世帯，夫婦・子どもとひとり親から成る世帯，夫婦・親と他の親族（子どもを含まない）から成る世帯，夫婦・子ども・親と他の親族から成る世帯を合計したもの。
(出所) 総務省統計局「国勢調査」各年。

　このように現代では，これまで地域社会の担い手となっていた層が減り，地域社会と関わりの薄かった人々が増えている。地域社会と関わりの薄かった人々は，経済的にも社会関係の面でも基盤が脆弱である可能性が高い。現代の地域社会は「支える側」が縮小して「支えられる側」が厚みを増し続ける趨勢にあるといえる。

「強い地域」の排除　　このような苦境に，地域の力を取り戻すことで乗り越えようという方向がめざされることがある。しかし現在までの日本の地域社会は，家族をもたない人々，自立できない人々，現代の生きづらさを抱える人々を包摂するメカニズムに乏しい。むしろ松宮朝がいうように，強

い地域ほど逆説的に異質な人々の排除を伴う（松宮 2022）。

　人々が取り結ぶ社会関係の潜在力に注目するソーシャル・キャピタル論では，結合型のソーシャル・キャピタルと橋渡し型のソーシャル・キャピタルを分けて考える。結合型のソーシャル・キャピタルは，ある社会における同質的な人々の結びつきであり，内部で信頼や協力，結束を生むものとされる。一方の橋渡し型のソーシャル・キャピタルは，異質な組織や人々を結びつけるネットワークである。

　結合型のソーシャル・キャピタルは，その「ダークサイド」として閉鎖性や排除への傾向をもつとされる。いわゆる「強い地域」をめざすことは，結合型のソーシャル・キャピタルを強化することになるため，ソーシャル・キャピタルのダークサイドが前面に出やすい。強い地域になろうとするほど住民の同質性が希求されやすくなり，そのぶん異質な他者は斥けられ外部化されてしまう。これまでの地域社会の取り組みは，どうしてもそういった傾向になりがちだった。

　このように現在では，従来の地域を支えていた家族構成に基づく構造が揺らぎつつあり，しかも従来の地域構造を取り戻したとしても，生きづらさを抱える人々の包摂には必ずしもつながらない。これまでとは違う，新たな地域のあり方が求められるゆえんである。

3 生きづらさを抱える人々の包摂はいかにして可能か

サードプレイスの可能性と限界

従来の地域社会は、異質とされてきた立場の人々が参入するにはさまざまな難しさを抱えている。そこで近年「サードプレイス」に注目が集まっている。スターバックスが創業理念に掲げている概念なので、聞いたことのある人もいるだろう。提唱者である社会学者 R. オルデンバーグによると、サードプレイスは「インフォーマルな公共生活のなかの中核的環境」と位置づけられ、「家庭と仕事の領域を超えた個々人の、定期的で自発的でインフォーマルな、お楽しみの集いのために場を提供する、さまざまな公共の場所の総称」（Oldenburg 1989＝2013）だとされる。家庭でも職場でもないところで、ただ人々が自由にのびのびと会話を楽しむ空間。それがサードプレイスだ。

サードプレイスの考え方は、かつて都市社会学者磯村英一が家庭でも職場でもない第三の空間を都市に求めたこととよく似ている。所属や家族といった浮世のしがらみから離れ、一時的でインフォーマルな関係性のなかに身をおく時間を現代人は求めているのだろう。これを個人の生きられた経験とみれば磯村のいう第三空間に、社会的な結節点とみればオルデンバーグのサードプレイスになる。

サードプレイスはカフェに限らず、さまざまな形で広がりをみせている。資格も登録も不要で、ただそこに居心地よく感じる人々の集まりがあればよいのだ。サードプレイスにはあらゆる人を受け容れる懐の深さがあるとされ、地域社会の弱点を補う新た

な受け皿として期待がかかる。

　ただしサードプレイスも万能ではない。サードプレイスはなかなかに高度なコミュニケーションスキルを要求するからである。たとえばオルデンバーグはサードプレイスにおける会話のルールとして自分の時間でないときは黙っていること，他の人が話しているときは耳を傾けて話を聞くことなどに加えて，自分の考えを言うが，他人の感情を害さないように気をつける，誰もが関心をもつ話題でないものは避ける，自分の個人的なことは極力話さず，そこに集った人たちについて語る，説教をしない，ほかの人に聞き取れる範囲のなるべく低い声で話す（Oldenburg 1989＝2013）の7点を紹介している。これらの1つひとつはもっともな指摘であって，きわめて常識的なルールではあるのだが，誰もがすべてのルールを常に守っているのかといえば，そうとも思えない。夢中になると周りが見えなくなる人もいるし，周囲の人々との距離感や空気感をはかり続けること自体がしんどい人もいるだろう。そのような人は，場にそぐわない人間だとみなされてしまうリスクがある。

　オルデンバーグによれば，場にそぐわない人への対策は，「逃げるが勝ち」が最上だとされている。たとえばいったん当人のいないところへ避難してから，気の合う人間だけで続きを再開するようなことだ。さて，このとき「当人」とされた人はどこへ行けばよいのだろう。結局のところサードプレイスにおいても，一種の同質性に基づく居心地のよさが存在するわけであり，一時的な関係だからこそ手軽に排除が行われうるということは注意しておきたい。

第8章　生きづらさを抱える人々と地域

> 地域共生社会

地域社会の機能低下と，並行して進むさまざまな生きづらさを抱える人々の増加は，政策的な課題にもなっている。このため「地域共生社会」の概念と，それに基づく「重層的支援体制整備事業」の展開によって，地域福祉がこれまでになく広い範囲をカバーするようになってきた。

地域共生社会とは「制度・分野ごとの『縦割り』や『支え手』『受け手』という関係を超えて，地域住民や地域の多様な主体が『我が事』として参画し，人と人，人と資源が世代や分野を超えて『丸ごと』つながることで，住民一人ひとりの暮らしと生きがい，地域をともに創っていく社会」（厚生労働省 2017）を指すものとされる。

2020年には社会福祉法が改正され，地域共生社会の実現に向けて「重層的支援体制整備事業」がすすめられることになった。これは従来型の福祉行政が対象ごとに縦割りであったことの反省をふまえ，「属性を問わない相談支援」「参加支援」「地域づくりに向けた支援」を展開するというものである。

ただし福祉事業の限界として，行政や専門職が積極的に活躍するほど「支える側」と「支えられる側」の役割が固定されてしまうという側面がある。ひとたび支えられる側に回るとなかなか抜け出せないという日本の社会保障システムが，ここにも顔をだす。

それでも厚生労働省では「誰もが役割を持てる社会へ」をスローガンに掲げ，従来の「支える側」「支えられる側」という強固な垣根を取り払おうとしている。これは大きな変化だと思われるが，まだ実態の面では福祉制度や専門職によるサポートが中心となっていることは否めない。理想の実現にはもうしばらくかかりそうである。

本章では、生きづらさを抱える人々と地域社会の関係についてみてきた。雇用と家族をめぐる変化によって、非典型労働に従事する人が増え、また家族をもたない人が増えていることから、職場や家庭以外の受け皿に対するニーズが高まっている。一方で定住型生活者を前提とする従来の地域社会は、まずはそれを構成する人々が減少しており、さらに職業や家族から離れた人々の参加を受け容れることができていないことから、現状の地域社会が受け皿を担うことは難しいことを見た。この状況を打開するために、サードプレイスの試みや、「地域共生社会」の考え方に基づいたアソシエーション的な地域社会の構築が試みられていることなどを見てきた。本章では扱えなかったが、子ども食堂やフードバンクなどの活動も盛んになっている。「支える」「支えられる」という固定的役割の構造を克服し、社会関係の網の目からこぼれ落ちる人々が出ることのないよう、誰もが参加できる地域社会をめざす取り組みが増えている。まだまだ課題は多いとはいえ、こうした新しい試みは、これまでの限界をのりこえて、地域社会の新たな役割をひらく可能性がある。

引用・参照文献

濱口桂一郎, 2009, 『新しい労働社会――雇用システムの再構築へ』岩波書店。
厚生労働省, 2017, 「地域共生社会の実現に向けて」。
厚生労働省, 2024, 「『非正規雇用』の現状と課題」。
松宮朝, 2022, 『かかわりの循環――コミュニティ実践の社会学』晃洋書房。

宮本太郎，2017，『共生保障——〈支え合い〉の戦略』岩波書店。
西澤晃彦，2010，『貧者の領域——誰が排除されているのか』河出書房新社。
Oldenburg, R., 1989, *The Great Good Place*, Da Capo Press.（＝2013, 忠平美幸訳『サードプレイス——コミュニティの核になる「とびきり居心地よい場所」』みすず書房）
鈴木栄太郎，1957，『都市社会学原理』有斐閣。
筒井淳也，2015，『仕事と家族——日本はなぜ働きづらく，産みにくいのか』中央公論新社。

Summary　　　　　　　　　　　　　　　　　　　　サマリー

　本章では，生きづらさを抱える人々と地域社会の関わりを扱う。雇用の流動化や家族の変容によって，安定した帰属先をもたない人々が増えるとともに，生きづらさを抱える人々が増えている。

　こうした現状に対して受け皿としての地域社会に期待が集まるものの，これまで地域社会を担っていた定住層は減少の一途をたどっており，地域社会の体力も落ちている。そしてまた，地域社会の高い同質性がもたらす，異質なものを排除する傾向によって，現在の地域社会に受け皿としての機能を期待することは難しい。

　そこで「地域共生社会」の実現をめざして「重層的支援体制整備事業」の構築やサードプレイスの開拓など，新たな試みが行われるようになってきている。こうした取り組みを通して，地域社会での包摂の可能性が期待される。

SEMINAR セミナー

1. 非正規雇用や，非雇用型フリーランスの働き方について調べてみよう。
2. 身近なサードプレイスにはどんなものがあるか，議論してみよう。
3. 日本で単独世帯が増えているのはなぜか，考えてみよう。

読書案内

田中洋子編『エッセンシャルワーカー——社会に不可欠な仕事なのに，なぜ安く使われるのか』旬報社，2023

　コロナ禍で浮かび上がった，社会を支える「エッセンシャルワーカー」の現実と課題に迫った論文集。現代社会の労働をめぐる矛盾に正面から切り込む。

平山洋介『「仮住まい」と戦後日本——実家住まい・賃貸住まい・仮設住まい』青土社，2020

　家族の変化やライフコースの多様化によって，戦後の日本が前提としてきた「結婚・持ち家社会」が大きく変わろうとしている。「住まい」の観点から社会に鋭く切り込む。

宮本太郎『共生保障——〈支え合い〉の戦略』岩波書店，2017

　「地域共生社会」の実現に向けて，日本の生活保障の問題点と，それに対する解決策を提案する。同じ著者の『生活保障』と合わせて読みたい。

――――――― 三田泰雅◆

第9章 防災と地域社会

能登地震の被災地, 輪島の市街地 (朝日新聞社提供)

🏳 近年, 日本では大災害が多発している。全国各地で地震や水害などが発生しており, 毎年のように多くの犠牲者が出ている。住宅など生活基盤を失った被災者はその後の生活再建に追われていく。災害は人間の人生を大きく狂わせていく。

　誰も災害に遭遇したくない。災害による被害を減らしたい。そのため, 住民による防災活動や行政による防災に向けた施策など, 全国各地で防災・減災に向けた取り組みが行われている。他方, 高齢化・人口減少が進む日本社会において, 災害への不安はますます高まっている。たとえば自力では避難できない高齢者や障害者はどうすればいいのか。災害への課題や対策は絶えることがない。

　いつ, どこで発生するかわからない災害とどのように向き合うのか。防災と地域社会との関係を考えることで, その向き合い方について考えてみたい。

1 災害多発時代を生きる

多発する激甚災害　近年，日本では大規模災害が頻発している。記憶に新しいのは2024年1月に発生した能登地震であろう。死者489名，全壊・半壊家屋が2万9670棟という大規模な災害であった（内閣部非常災害対策本部「令和6年能登半島地震による被害状況等について」〔2024年12月24日現在〕）。それ以前にも2016年の熊本地震，2011年の東北地方太平洋沖地震など，近年の地震に限ってもこれだけの大災害を挙げることができる（表9-1）。それ以外にも全国各地で発生する大雨による水害など含めると，毎年のように日本各地で大規模な災害が発生している。

　地震や大雨が発生するたびに，甚大な被害が発生する。多くの人命が失われ，生活環境も一変する。それは，人々の人生を大きく狂わすことになる。

防災とは何か　おそらく，みなさんも人生のなかで一度は大災害に直面することがあるだろう。このような災害が多発する状況のなかで，私たちは災害とどう向き合うべきか。自然の圧倒的な力を前にして無力さを感じている人もいるかもしれない。他方で，大災害の発生に備えて自分にできる備えをしたいと考えている人もいるかもしれない。たとえば防災訓練に参加したり，地域のハザードマップを確認したり，家族と緊急時の避難場所を確認したりしたことがあるだろう。これがいわゆる「防災」である。防災とは，災害による被害を防ぐためのあらゆる取り組みのことを指す。ただし防災は，個人や世帯

表9-1　近年の主な大規模地震

地震名	マグニチュード	死者数	全壊・半壊住戸
1995年　兵庫県南部地震	M7.3	6,434人	249,180棟
2004年　中越地震	M6.8	68人	16,985棟
2011年　東北地方太平洋沖地震	M9.0	19,729人	404,937棟
2013年　熊本地震	M7.3	273人	43,386棟
2018年　北海道胆振東部地震	M6.7	43人	2,129棟
2024年　能登地震	M7.6	241人	27,602棟

（注）　出所における能登地震のデータは2024年3月22日時点のものであり，184頁における数値と異なっている。
（出所）　気象庁ウェブサイト「過去の地震津波災害」「最近の被害地震一覧」より筆者作成。

のなかだけでなく，地域社会や，地域コミュニティにおいても取り組まれている。

　本章では，防災と地域社会との関係を見ていきたい。災害多発時代のなかで，地域社会ではさまざまな防災に向けた取り組みが行われている。防災に向けた行政や企業，地域コミュニティの取り組みを読み解いていくとともに，その困難についても考えていきたい。これらは，みなさんが被災したときにどのように行動し，そしてどのように自らの生活を立て直すことになるのかを考えるヒントを与えてくれるはずだ。さらに今は被災していなくても，来るべき災害の発生に向けて，いま何について考えるべきか，そのヒントを与えてくれるはずである。

2 災害と防災

災害とハザード　　まずは、災害とは何かを確認しておこう。みなさんが「災害」と聞くとき、具体的には地震、津波、大雨、洪水、台風、火災、竜巻など、さまざまな事象を思い浮かべるかもしれない。しかしそれらは、正しくは災害ではない。それらは災害を生み出すきっかけとなる自然現象にすぎない。このことをハザード（災害因）と呼ぶ。

そして災害とは、そのような自然現象が私たちの生活する社会のなかで生じることで発生するものである（林 2003）。人間の営みのないところで地震が発生しても被害は発生しないので、それは災害とは言えない。言い換えると、災害とは、私たちの社会がハザードを受け止めた結果として発生する（田中 2020）。そのため、社会のハザードの受け止め方によって、大きな被害が生じたり、逆に被害を最小に抑えたりすることもできる。

つまり災害とは、ハザードと脆弱性によって規定される（正確には曝露量も関係するが、ここでは割愛する）。脆弱性とは簡単に言うと、地震や津波など、非日常的な自然の力に対する私たちの社会の対応能力の低さのことである（林 2003）。たとえば耐震基準を満たしていない住宅は大地震に耐えられずに倒壊し、都市部にある細街路は火災の延焼を食い止めることができないだろう。何が脆弱性かはハザードによって異なるが、この脆弱性とはきわめて社会的なものなのである。

脆弱性と被害　　ここでもう一度、表9-1を見てもらいたい。これを見ると、死者数は東北地方

186　第Ⅱ部　地域を見る

太平洋沖地震（東日本大震災）が1万9729人と一番多く，その次が兵庫県南部地震（阪神・淡路大震災）の6434人となっている。なぜこれだけたくさんの方々が犠牲にならなければならなかったのか。そのことを考えることが重要である。

　同じ地震災害であっても，死因は大きく異なる。東北地方太平洋沖地震では犠牲者の9割が溺死であった。地震そのものより，それを起因として発生した大津波により多くの方が亡くなった。それに対して兵庫県南部地震では犠牲者の8割強が建物倒壊による圧死である。直下型の地震が市街地を直撃し，それによる建物倒壊が多くの犠牲者を生み出した。また約100年前に発生した関東大地震（関東大震災）では，約10万人の犠牲者の9割弱が地震後に生じた火災に巻き込まれて亡くなったと言われている。

　ちなみに表9-1に見慣れない名称が並んでいるのに違和感をもった人がいるかもしれない。私たちがよく知る1995年の阪神・淡路大震災や2011年の東日本大震災という名称は，災害の名称であり，ハザードの名称ではない。ここで地震名として示しているのはハザードとしての名称を列挙していることに注意してほしい。

　このように考えると，災害への備えは，地震や津波といった自然現象を理解すればよいだけではなく，それを受け止める社会そのものを理解することが大切であることがわかる。

防災と減災

では，具体的にどのように大規模災害に備えればいいのか。これらの取り組みは防災・減災と呼ばれる。これまで説明したことを踏まえて防災を定義するならば，地震や津波などハザードに対する社会の脆弱性を取り除く取り組みのことである。防災というと，ハザードによる被害をまったく生み出さないことを意味するが，これだけ大規

模なハザードが発生しているなかでそれは不可能である。そこでより被害を少なくするという意味で減災という考え方が登場した。ただしここでは両者を厳密に区別せず，災害による被害を軽減する社会の側の取り組みのことを「防災・減災」ということにする。

　防災・減災に向けた取り組みは，どのようなハザードを念頭に置くのかによってかなり変わってくる。地震ならば，揺れへの対応やその後の火災の発生などを想定して取り組みを行う必要がある。大雨ならばどこから水があふれてきて，どれくらいまで水位が上昇するのかを想定する必要がある。もちろんそれぞれのハザードが，どれだけ予期できるのかどうかによっても違ってくる。

　防災・減災に向けた取り組みは多岐にわたる。基本は自助，すなわち個人または世帯を単位とした防災・減災に向けた取り組みであろう。防災グッズを用意したり避難所の場所を確認することなどから，耐震基準を満たした自宅の建て替えまで幅広く想定できる。それに対して個人では対応できないことについては行政が取り組む必要がある。たとえば耐震基準を満たした公共施設への建て替えや耐震補強，地震後に発生する火災の延焼を防ぐための拡幅など，ハード事業が想定される。これらはいわゆる公助と呼ばれるものである。また，発災時に自力で避難できない避難行動要支援者への対応や避難所の開設・運営，さらには発災時の行動のための防災訓練など，地域住民が協力して取り組む防災・減災の取り組みもあるだろう。これらは共助と呼ばれる。防災・減災の取り組みは自助，公助，共助がバランスよく組み合わされることが大切だと言われる。

　そのため本章では，本書第3章と第4章の議論を踏まえながら，3節では地域社会と防災・減災との関係を，4節では地域コミュニティと防災・減災との関係について考えてみたい。その際，以

下では地震を念頭に議論を進めていくことにしよう。とはいえ，洪水や火事などのハザードでも基本的な考え方は同じである。

3 防災と地域社会

災害に対する地域社会の脆弱性

まず災害と地域社会との関係について考えてみたい。住んでいる地域社会が災害に対して脆弱かどうかは，さまざまな要因により複合的に決まる。

第1に，地理的条件である。たとえば，地震ならば地盤が揺れやすいかどうか，洪水ならば河川が近いかどうか，によって規定されるだろう。みなさんも住んでいる自治体が作成しているハザードマップを見たことがあるだろう。それは地震や大雨，津波などハザードごとに用意されており，加えて避難所なども書き込まれている。見たことのない人は，早く確認しよう。

第2に，建造環境や都市整備状況である。第2節でも述べたように，大地震が発生した際，耐震基準に合致した建物から構成されているか否かによって住家被害に大きな違いが現れる。また，時間帯によっては各所から火事が発生し，周囲に延焼する。その際，拡幅道路が整備されていれば，延焼を防ぐことができる。これらが人的被害や物的被害の違いとなって現れる。

第3に，居住者の人口構造である。居住者の年齢構成や世帯構成，定住者が多い地域なのかそれとも流動者が多いのか，昼間人口が多いのか夜間人口が多いのか，こういったことが被害の大きさや，発災時の初期対応に大きく影響する。発災時においてもその後の避難生活においても，子どもや高齢者が犠牲になりやすい。

災害弱者と呼ばれる人たちは偏在している。少子高齢化や人口減少が進む現代社会においては、そのような災害弱者となりうる人はさらに増えていくだろう。

　もちろん、災害に対する地域社会の脆弱性は、災害がいつ発生するのかによってかなり違ってくる。夏なのか冬なのか。朝なのか昼なのか夜なのか。たとえば風の強い季節に、各住戸が夕食を作っているタイミングで地震が発生するとどうなるか。火災が最悪なかたちで延焼していくことが予想される。そのため時間帯や気象条件が加わることによって、被害が予期しえないかたちで現れることもありうる。

都市の脆弱性　このように災害に対する地域社会の脆弱性にはさまざまな要因があり、気象条件によっても異なるが、総じて災害に対して脆弱なのは都市である。都市には超高層ビルやタワーマンションが建ち並び、鉄道や高速道路の高架が張り巡らされている。他方で区画整理されていない細街路が存在する地区もある。そのなかで大地震が発生すれば、都市が機能不全に陥る可能性が生じる。

　改めて表9-1を見ていただきたい。1995年の兵庫県南部地震と2016年の熊本地震を比較すると、地震の規模を示すマグニチュードはまったく同じである。しかし死者数や住戸被害はまったく異なる。前者では高速道路の高架が崩れ落ち、市街地の至るところで火災が延焼する神戸の街並みがヘリコプターからとらえられていた。市街地においてオフィスビルやマンションが密集する都市ほど物理的な被害に起因した災害への脆弱性が高いことがわかる。

　秋元律郎は都市災害について、単に高密化された都市の物理的な被害だけでなく、社会における都市の位置づけのなかで加えら

れる被害の波及性に注目している。つまり都市には企業や行政の中枢機能が集積しており，それらが被害を受けることでその影響が都市全体，ひいては社会全体へと波及することを論じている（秋元 1982）。

さらに近年取り上げられるのが，タワーマンションの災害脆弱性である。長周期地震の発生により数分間にわたって建物が揺れ，特に上層階においては危険な状況が生じることや，その後のライフライン停止時にはマンションでの生活を継続できないことなどが指摘されている。技術の進化による都市機能の高機能化は，大規模災害時の脆弱性をより高めているのである。

もちろんこの2つの地震被害の違いを，単純に都市の脆弱性だけで説明することはできない。この約20年間で耐震基準が厳格化され基準に適合した住宅割合が増えたり，社会全体において防災意識が高まったことなども影響しているだろう。その意味で，過去の大災害の経験が現在の防災対策に活かされていることは間違いない。

> 災害を語る単位

ただし，都市というスケールだけで災害を語るのは不十分である。日常生活圏というもう少し狭い空間的スケールで見てみると，その被害の現れ方は違ってくる。図9-1は東京都の町丁目ごとにみた地震に関する地域危険度を示したものである。これは，建物の倒壊危険度や火災の危険度などに基づいて算出されている。色が濃いほど地震による地域危険度が高いことを示しているが，荒川区や足立区，墨田区など東京都東部や大田区など南部において危険度の高い地区が存在することがわかる。

もちろんこれは，災害に対する脆弱性を建物倒壊危険度，火災危険度，災害時活動の困難さなどによって判定しているので，居

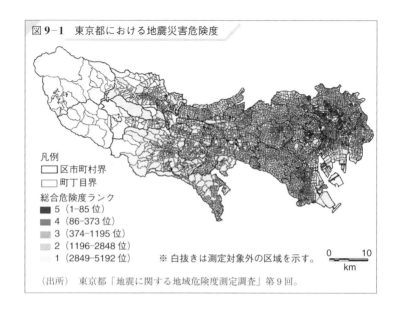

図9-1 東京都における地震災害危険度

凡例
区市町村界
町丁目界
総合危険度ランク
5 (1-85位)
4 (86-373位)
3 (374-1195位)
2 (1196-2848位)
1 (2849-5192位)

※白抜きは測定対象外の区域を示す。

(出所) 東京都「地震に関する地域危険度測定調査」第9回。

住者の特性は反映されていない。前項で述べたように，そこにどのような居住者が生活しているのか，という点も災害への脆弱性と関係しているだろう。さらに言えば，地域社会の物理的な脆弱性は，年齢構成や職業，社会階層などの居住者特性と密接な関係をもっている。

　ここで重要なのは，第2章で見たように，災害や防災を単一の空間的範域で語るのではなく，重層的に検討していくことである。都道府県や市町村の防災対策が小学校区の地域社会の防災まちづくりに影響を与えることがあるし，逆に小学校区の地域社会の被害が市町村の範囲の地域社会にとって甚大な被害となることもありうる。

地域防災計画

　このような災害に対する脆弱性に対して，行政はどのように防災・減災の取り組み

を推進しているのか。次にこのことについて考えてみたい。

　日本では災害対策基本法に基づき，内閣府のなかに中央防災会議が組織され（会長は内閣総理大臣），そこで防災基本計画が立てられている。この防災基本計画に基づき，各都道府県の地域防災計画，さらに各市町村の地域防災計画が立てられている。地域防災計画には，各地域において想定されるハザードとその被害想定に基づき，発災前，発災直後から復旧・復興の各段階において行政や住民などの役割を細かく記述している。具体的には，避難誘導の方法や各種避難所の指定，避難物資の供給体制などである。さらに近年では，地区防災計画が導入されている。これは地方自治体の地域防災計画の下位に位置づけられるものであり，おおむね小学校区程度の範囲で立案される防災計画のことである。言い換えると、地域コミュニティにおける防災計画である。ただし現時点で法的な位置づけが明確になっているわけではなく，国からの支援があるわけではない。

東京都の木密対策　ここでは防災に対する行政の取り組みとして，東京都の木密地域の解消に向けた取り組みを紹介したい（中村 2016；吉川 2020）。「木密地域」とは木造住宅密集地域の略であり，東京都など大都市には急激な人口流入に伴う無秩序な市街地開発によって，区画整理がされずに木造住宅が密集する地域が形成された。こうした木密地域は大規模地震やその後の火災の発生を踏まえたときに，対策が必要な地域とされている。

　東京都内には木密地域が 2020 年度で 8600ha ほどあり（東京都 2021），これは 23 区の総面積の 14 ％に当たるという（『東京新聞』2022 年 5 月 26 日付）。こうした木密地域は環状 7 号線沿線に集積しており，東京都は 2012 年から「木密地域不燃化 10 年プロジ

ェクト」を立ち上げ，一定区域を「不燃化特区」に指定したうえで，延焼遮断帯の整備，緊急輸送道路の機能確保などの整備事業に加え，対象地域の住宅に対して建築士らの派遣による建て替え相談や各種補助などを行っている（吉川 2020）。

　とはいえ，このような木密地域の解消は非常に難しい。その背景について中村八郎は，こうした地域では戸建住宅と借家・アパートが混在し，道路の不備や違法建築により建物更新ができないことによる老朽化，所有者・入居者の高齢化による低所得化や建物管理の不足，権利関係の複雑化などがあることを指摘している。また区画整理の結果として住宅の敷地面積が減ることが想定され（これを減歩という），そのことも住民間で合意を見出すことの難しさを示している（中村 2016）。ここには，行政主導の防災まちづくりの限界がある。

4 防災と地域コミュニティ

災害への地域コミュニティの対応

　これまで見てきたのは，地域社会のあり方によって被害の現れ方が違ってくる，ということであった。では，地域コミュニティは災害にどのように対応するのであろうか。そのことについて考えてみたい。

　まずは，災害が発生したときに地域コミュニティが何をしたのか，そのことについて，阪神・淡路大震災時における神戸市長田区真野地区の取り組みを紹介した今野裕昭の研究を見てみたい（今野 2012）。この真野地区は，発災時に地域コミュニティが非常に強力な力を発揮した事例として知られている。初期消火や救

助活動，その後の避難所対応や支援物資の配布，さらには避難所生活への対応など，多方面の活動を地域コミュニティが担った。

なぜ真野地区がこのように対応できたのか。それは，真野地区は震災前から反公害のまちづくりを展開してきた地域として有名であり，住民運動を行うなかで強固な地域コミュニティが形成されてきたためである。そのことが発災直後の対応ならびにその後の復興に至るあらゆる局面で力を発揮したと言われている（今野 2012）。

災害対応における地域コミュニティへの期待は，実は 1960 年代から行政主導でつくられてきた。行政は地域コミュニティにおいて自主防災組織をつくるよう誘導してきた（庄司 2011）。そして阪神・淡路大震災以降は，災害対策基本法における災害対策の基本理念のなかで，自主防災組織は防災対応の主体として位置づけられている（2 条の 2 第 2 号）。

では，自主防災組織とはどのような団体なのだろうか。その多くが町内会・自治会をベースに組織されている。横田によれば，公式にはそれらとは別組織であるが，その主要な担い手は自治会・町内会の役員であるという。組織のなかには「消火・防火」「情報・連絡」「避難誘導」「救出・救護」などの役割に基づく班が設置され，それとは別に地区ごとに班が形成される。また自主防災組織によっては防災用物資を入れた倉庫や機材（ポンプ）を用意し，定期的に避難訓練などを実施している（横田 1992）。

地域コミュニティへの災害対応の期待　阪神・淡路大震災において自主防災組織を含めた地域コミュニティが災害対応において力を発揮したことは，その後の防災の現場において，地域コミュニティへの期待がますます高まることにつながった。たとえば先ほど紹介した地区防災計画の導入

などである。

　また，避難行動要支援者への対応においても地域コミュニティへの期待が高まっている。地域社会には高齢者や障害者など一人では避難が難しい居住者がいるが，地域防災計画において彼ら／彼女らの存在を把握し，安全なところまで誘導する態勢づくりが求められている。2021年に改正された災害対策基本法では，避難行動要支援者ごとに個別の避難計画の作成が市町村に求められている（努力義務）。その際，要支援者の避難誘導を期待されているのが自主防災組織や町内会・自治会，地域の民生委員などであり，計画の策定にあたっては本人の状況をよく把握し，信頼関係も期待できる福祉専門職の参画も期待されている。

防災コミュニティの困難

　ただし，災害対応において自主防災組織を中心とした地域コミュニティが力を発揮するのは確かだとしても，すべての地域においてコミュニティに災害対応を期待することはできるのだろうか。おそらく難しい。

　さきほどの真野地区のような事例は例外的であり，阪神・淡路大震災の多くの被災地ではコミュニティは機能しなかった（横田1996）。真野地区は発災前から強固なコミュニティが形成されていたからこそ機能したのであり，そのような取り組みがなければ機能しないのは当然である。

　では，現代社会においてそのような防災コミュニティを構築できるのか。それもまた難しいと言わざるをえない。自主防災組織を支える町内会・自治会自体が弱体化しているからである。その背景には自治会・町内会の担い手確保の問題がある。役員の高齢化によりこれまでのように活動を継続することは困難になってきている。東京などの都市部において町内会の組織率は5割程度だ

と言われているが（玉野 2024），地域社会によってばらつきが大きいだろう。その背景には地域社会の居住者特性が大きく影響している。居住者が比較的安定し人口が再生産されている地域もあれば，流動性が高い地域もある。また多くの若年層は日中に仕事や学校などで地域外に出ており，そのタイミングで災害が発生すると自主防災組織では十分に対応できない（庄司 2011）。一人暮らしの高齢者が増えている地域社会も多い。そのため防災コミュニティの組織的基盤がしっかりしているところもあれば，居住者の流動性が高いために居住世帯の捕捉すらできていないところもある。地域社会によって自治会活動を取り巻く状況に大きな違いがあるため，どの地域でも展開できるわけではない。

　防災コミュニティの構築が難しいのは，コミュニティのあり方について居住者の間での合意形成が難しくなっていることもあるだろう。小山弘美は東京都東部にある自治会への調査から，現代の自治会が抱える課題を明らかにしている（小山 2022）。それによれば，住民が自治会に求めるものは年齢によって大きく異なり，高齢者層は親睦を求め，若年層は防災・防犯などの機能的な事柄を期待する。自治会への期待が世代間で異なることが自治会運営を困難にしている。

　とはいえ若年層が考える防災・防犯活動が機能するためには，庄司知恵子が述べているように最低限の親睦機能が必要である（庄司 2011）。本来ならばこの点で両者が折り合える可能性があるはずだ。玉野和志が町内会の全戸加入の原則について共同防衛をその理由に挙げていることを踏まえれば（玉野 2024），誰がこの地域の住民なのかが共有されていなければ，災害時にコミュニティは機能しないのである。

5 災害多発時代の防災まちづくり

> 自分の生活圏の地域社会を理解する

これまで見てきたように,災害被害は地震や津波などのハザードを社会がどのように受け止めたのか,その結果として生じるものである。その意味で,災害とは社会的な出来事である。つまり,災害被害を軽減できるかどうかは,私たちの取り組み次第である。では,災害が多発する時代のなかで,どのように防災・減災のまちづくりを進めていけばいいのか。

重要なのは,自助・共助・公助のそれぞれの取り組みであり,どれが欠けてもうまくいかない。そしてそれらがうまくかみ合うことで防災まちづくりは効果を発揮する。その点で,防災・減災に向けた取り組みの出発点は,吉井博明や大矢根淳が述べているように,自らが住む生活圏において災害が起きたときにどういうことが起きるのか,その具体的なイメージを描いておくことであろう（吉井 1996；大矢根 1999）。ハザードマップや避難所の所在地を確認すること,さらに過去の大災害で地域社会にどのような被害が発生したのかを知ることも大切である。

つまり防災・減災のまちづくりの出発点は,自らの生活圏における災害脆弱性を把握することである。それは地形を把握することだけにとどまらない。人口や高齢化率など居住者の特性を含めた地域社会を理解すること,さらに行政や自主防災組織など地域社会の主体が防災・減災に向けてどのような施策や取り組みを行っているのか,など多岐にわたる。自助としてなすべきことは,単に防災グッズを用意するだけではない（それも大切だが）。

もちろん自助といっても，対応しなければならないこと，そしてそれが対応できるかどうかは，その人の置かれた状況によって違う。住宅の耐震化などお金がかかるものは，行政からの一部補助があったとしてもそもそもお金がなければ無理である。その意味で，どこまで対応できるかは人々の所得によって規定されることもある。そこが防災における難しい点である。

共助の地域的最適解　このような自助に対して，共助をどうするかが一番の課題である。もう一度確認しておくと，大都市で大災害が発生した際，警察や消防など行政は機能しない可能性が高い。横田尚俊が述べるように，都市機能が麻痺状態に陥ったなかでは，発災直後の2〜3日は，自分たちでなんとかするか，近隣住民同士で対応するしかない（横田1996）。この最悪の状態を想定して防災コミュニティを構築できるかが求められている。

　ただし前節でも述べたように，現代社会において防災コミュニティを構築することは総じて難しい。居住者の高齢化や流動化，地域社会の人口減少，自主防災組織の担い手不足など，さまざまな理由を指摘できる。さらに大災害は，頻繁に発生するものではない。その居住地で被災した経験がある人ならばまだしも，被災経験がなければ防災まちづくりに参加する意欲が生まれにくい（そして被災してから後悔するものである）。

　そのため，国が自主防災組織の組織化を全国一律に進めること自体に無理があると言わざるをえない。もちろんそれぞれの地域が熱心に防災まちづくりを行うことを行政は支援すべきではあるが，少なくともそれぞれの地域社会が自らの特性に基づく防災コミュニティを模索するしかないだろう。地域によっては活発な取り組みがなされるかもしれないし，別の地域では1年に1度の

第9章　防災と地域社会　199

Column ⑭ 社会における災害ボランティアの位置づけ

　本文では取り上げなかったが、防災と地域社会を考えるうえで、災害ボランティアも重要な主体である。1995年に発生した阪神・淡路大震災においては行政がうまく機能しないなかで、災害ボランティアの活躍に注目が集まった。そしてそれは、1998年の特定非営利活動促進法の制定につながり、他方で発災時におけるボランティアセンターの制度化へとつながっていった。

　さて2024年元日に発生した能登地震においても、その直後から災害ボランティアが被災地に駆けつけた。しかし今回は、SNSを中心としてボランティア活動に対する自粛論や否定的な言説が目立った。2024年3月12日付の『東京新聞』ではそのことについて解説している。その背景には、災害直後の1月5日に石川県知事が「能登への不要不急の移動はくれぐれも控えてください」と呼びかけたこと、そしてそのことが、被災地で発生した渋滞について「個人が支援物資を積んだ車両が原因」と断定する投稿と結びつけられたためであると記事では紹介されている。その後、石川県では災害ボランティアセンターの窓口を県に一本化したが、ボランティアの数が伸び悩んでいるという。たしかに行政（県知事）がそのように呼びかけることには一定の根拠があるように思われる。ただしそのことがSNSを介してボランティア自粛論につながったことは今後の検討課題だと思われる。

　むしろ今回の対応で気になったのが、行政とボランティアとの関係である。阪神・淡路大震災で注目された災害ボランティアは、被災地の復旧・復興においてその多面的な役割を果たしていることが注目された。しかし近年ではボランティアセンターを通して制度化が進んでしまい、行政の下請けと化しているように思われる。ボランティアは単にガレキや土砂を撤去するといった機能的な役割をもつだけでなく、その活動が被災者をエンパワーすることにもつながる。今回の自粛論の背景には、その多面的な役割が見失われたこと、さらに社会におけるボランティアの位置づけが曖昧になっていることがあるように思われる。

防災訓練しかできないかもしれない。それぞれの地域社会で防災まちづくりの最適解を自分たちでつくることが求められている。

むしろ防災・減災のまちづくりとして求められているのは，地域社会の特性を踏まえて，何を，どこまで共助として実践するか，居住者間の合意を不断に確認しておくことであろう。前節でも述べたように，災害時にコミュニティが機能する最低限の条件は，地域社会にどんな人が住んでいるのかをお互いに共有することである。それさえもなければ，災害ユートピア（災害直後において生じる利他的な精神と行動）の状態にあってもうまく地域的共同性を生み出せない。

その点で最大の課題は，前節でも説明したように，避難行動要支援者を含めた災害弱者をどのように支えていくのか，という点である。多くの地域において防災コミュニティの構築・維持が難しくなっているなかで，現状では町内会・自治会などの一部役員にその負担が過度に押しつけられている。結果，現場でどう対応すべきか人々は困惑している。誰がその負担を担うのか。残念ながらその答えを筆者は持ち合わせていないが，形ばかりの避難計画をつくり，地域コミュニティにその負担を押しつけることからは何も生まれないはずだ。必要に応じて，行政や民間企業，ボランティアや市民団体を含めた関係機関との関係づくりも模索していく必要があるだろう。

秋元律郎，1982，「都市災害をどうとらえるか」安倍北夫・秋元律郎編『都市災害の科学——市民のライフラインを守る』有斐閣。

林春男，2003，『いのちを守る地震防災学』岩波書店。
今野裕昭，2012，「被災者の生活再建の社会過程」吉原直樹編『防災の社会学——防災コミュニティの社会設計に向けて〔第2版〕』東信堂。
小山弘美，2022，「町内会・自治会の課題とコロナ禍後の活動」『関東学院大学人文学会紀要』146。
中村八郎，2016，「東京防災と地域コミュニティ」『世界』888。
大矢根淳，1999，「現代都市と災害」秋元律郎・坂田正顕編『現代社会と人間』学文社。
庄司知恵子，2011，「町内会と自主防災組織」吉原直樹編『防災コミュニティの基層——東北6県の町内会分析』御茶の水書房。
玉野和志，2024，『町内会』筑摩書房。
田中重好，2020，「災害社会学の体系化に向けてのデザイン」『西日本社会学会年報』18。
東京都，2021，『防災都市づくり推進計画の基本方針』。
東京都，2022，『地震に関する地域危険度測定調査報告書』。
横田尚俊，1992，「現代都市と地域防災活動」『年報社会学論集』5。
横田尚俊，1996，「〈災害とコミュニティ〉再考」『すまいろん』37。
吉井博明，1996，『都市防災』講談社。
吉川忠寛，2020，「東日本大震災などの災害教訓から東京の地域防災計画を考える」『日本都市社会学会年報』38。

Summary

サマリー

　本章は，災害が多発する時代において，防災に向けた地域社会ならびに地域コミュニティの取り組みを紹介した。災害は，私たちの社会が地震や津波などのハザードを受け止めた，その結果として生ずるものである。そして社会の脆弱性が高いほど，より大きな被害が発生する。

　災害に対する地域社会の脆弱性は，地理的な条件，建造環境や都市整備状況に加え，居住者の人口構造によっても違ってくる。その点で大都市ほど災害に対して脆弱性が高い。たとえば東京都は木造住宅密集地域を多く抱えており，その解消に向けた取り組

みがなされているが，道のりは困難を極めている。

災害に対する備えとして，自主防災組織など地域コミュニティを強化することが求められている。ただし現代社会においてそれは簡単なことではない。高齢化・人口減少が加速するなかで自治会・町内会の活動が停滞している地域が多い。防災に向けた取り組みの必要性は共有されているものの，そのための自治会・町内会への参加は忌避され，担い手不足となっている。

このように考えると，防災に向けた取り組みの第一歩は，自らが住む生活圏の災害に対する脆弱性を理解することである。地域社会を把握することの意義がここにある。そのうえで，地域ごとに災害時に何ができるのかを自分たちの地域で模索し，合意することが大切である。

SEMINAR セミナー

1. 自分の生活圏において地震や浸水氾濫が発生したら何が起きるのか。最悪の場合を想定し，地域社会の特性を意識しながら描いてみよう。
2. 自分の暮らしている地域の地域防災計画やハザードマップをみて，どのような災害リスクがあるのかを確認してみよう。そのうえで，実際にまちあるきをして災害リスクを感じるとともに，行政の計画が見落としている災害リスクを発見してみよう。
3. 自分の暮らしている地域の自治会・町内会の防災訓練に参加し，それがどのように行われているのか観察してみよう。防災訓練にどれくらいの人が参加しているのか，具体的に何を想定して訓練しているのか，実際の訓練における課題は何か，考えてみよう。

 **読書案内**

大矢根淳ほか編『災害社会学入門』弘文堂，2007

災害社会学に関する基本的なテキストであり，本章でも紹介した災害やハザード，脆弱性など基本的概念を過去に生じた歴史的災害に即して理解することができる。

吉井博明『都市防災』講談社現代新書，1996

阪神・淡路大震災を事例に，被災直後からその生活再建に至る過程について，都市で災害が発生するとはどういうことなのかをリアリティをもって理解することができる。

吉原直樹編『防災コミュニティの基層——東北6県の町内会分析』御茶の水書房，2011

東日本大震災前の東北各県の調査から防災コミュニティの可能性を議論しており，読者が自らの地域の防災コミュニティを考えるうえでのヒントを与えてくれる。

田中重好ほか編『防災と支援——成熟した市民社会に向けて』有斐閣，2019

東日本大震災における津波災害を事例に，これまでの防災行政の基本的な考え方を批判的にとらえ，あるべき防災のかたちを提示している。

 高木竜輔◆

第10章 外国人と地域コミュニティ

埼玉県川口市の芝園団地。公園で子どもを遊ばせる外国人のファミリー層も多い。団地内には中国人向けの商品を扱う商店もある。
(筆者撮影)

　あなたは日々の生活で外国人と接することがどれくらいあるだろうか。留学生が多い大学であれば一緒に授業を履修することもあるだろうし，アルバイトで一緒に働くこともあるかもしれない。そもそも，自分自身が外国人という人もいれば，日本国籍をもっている「日本人」ではあるが，外国にルーツをもつという人などもいるだろう。

　ニューカマーと呼ばれる外国人の来日が急増した1980年代後半から40年余りが経ち，日常的に外国人と接するのが当たり前という環境で育った人も少なくない。その一方で，地域によっては，最近になって外国人が目に見えて増加したというところもある。人口減少に悩む地域のなかには，地域の産業を支える存在として外国人を求めるところも増えている。

　本章では，地域社会における日本人と外国人の関係について考えたい。取り上げるのは，外国人住民が多く住む団地と，ニューカマーが来日した早い段階から居住が進んだ地域である。

1 外国人とともに暮らす

> 地域によって異なる
> 外国人

　人手不足が進むなか，日本で住む・働く外国人が増加している。住む外国人は341万992人（在留外国人統計：2023年12月末現在），働く外国人は204万8675人（「外国人雇用状況」の届出状況：2023年10月末現在，特別永住者などを除く）になった。住む外国人の数はコロナ禍で減少したが，増加に転じた2022年にはコロナ禍以前を上回った。働く外国人の数はコロナ禍においても増加を続けた。

　表10-1では，在留外国人が多いほうから10番目までの都道府県について，全国に占める構成比と最も多い国籍・地域を示した。2023年12月末現在の値である。国籍・地域で示した数値は，それぞれの都道府県の在留外国人に占める構成比を示している。全国に占める構成比からは，外国人が大都市部に集中して居住していることがわかる。10位までの構成比の合計は71.0％にもなる。また，都道府県によって最も多い国籍・地域が異なっていることもわかる。東京圏では中国，大阪圏では韓国，名古屋圏ではブラジル，それ以外ではベトナムが最多である。各地の傾向を大まかに言えば，1980年代以降に来日したニューカマーの外国人が多い東京圏，オールドタイマーである在日コリアンが多い大阪圏，製造業が盛んな名古屋圏には南米からの日系外国人が多く，それら以外の地域では近年急増しているベトナム人が多いということになるだろうか。ここからは，「身近な外国人」といった場合に，地域によって思い浮かべる外国人が異なると言えるかもし

表10-1 在留外国人が多い都道府県（％）

順位	都道府県	構成比	最も多い国籍・地域	
1	東京都	19.4	中国	39.5
2	愛知県	9.1	ブラジル	19.8
3	大阪府	8.8	韓国	29.2
4	神奈川県	7.8	中国	28.6
5	埼玉県	6.9	中国	34.1
6	千葉県	6.0	中国	28.4
7	兵庫県	3.9	韓国	26.7
8	静岡県	3.4	ブラジル	28.2
9	福岡県	2.9	ベトナム	21.4
10	茨城県	2.7	ベトナム	19.8

（注）2023年12月末。構成比は全国に占める割合，国籍・地域の値は各都道府県に占める割合である。
（出所）「在留外国人統計」より筆者作成。

れない。

　表10-2には外国人比率が10％を超える20の市区町村を値が高い順に示した（政令指定都市については行政区に分けて順位をつけた）。2024年1月1日現在の値であり，外国人比率の値に加えて日本人も含めた人口も示した。全国の外国人比率は2.7％である。10％を超える市区町村は10年前の2014年には3つしかなかった。また，5％を超える市区町村は25から118へと増加した。人口が少ない自治体の場合，在留外国人が少なくても外国人比率が高くなることはあるが，北海道の5町村が上位に入ることは意外に感じる人もいるかもしれない。長野県白馬村も含め，大規模なスキーリゾートがある地域であり，この10年で外国人比率が急増している。町村によっていくらか傾向に違いはあるが，

第10章　外国人と地域コミュニティ　207

表10-2 外国人比率が10%を超える市区町村

順位	市区町村		人口（人）	外国人比率（%）
1	北海道	占冠村	1,591	33.8
2	北海道	赤井川村	1,353	28.5
3	大阪府	大阪市生野区	126,376	22.6
4	群馬県	大泉町	41,465	20.0
5	北海道	留寿都村	2,036	18.7
6	北海道	倶知安町	16,505	16.9
7	北海道	ニセコ町	5,481	16.8
8	大阪府	大阪市浪速区	76,774	15.3
9	長野県	白馬村	9,159	13.5
10	大阪府	大阪市西成区	105,285	12.8
11	東京都	新宿区	349,226	12.6
12	東京都	豊島区	291,650	11.2
13	埼玉県	蕨市	75,646	11.2
14	神奈川県	横浜市中区	154,056	11.2
15	沖縄県	恩納村	11,262	10.7
16	茨城県	常総市	61,180	10.5
17	三重県	木曽岬町	5,939	10.4
18	岐阜県	美濃加茂市	57,540	10.3
19	愛知県	名古屋市中区	95,845	10.3
20	兵庫県	神戸市中央区	140,070	10.1

（注） 2024年1月1日現在。
（出所）「住民基本台帳に基づく人口，人口動態及び世帯数調査」より筆者作成。

これらの自治体の国籍・地域の特徴はオーストラリアや英国が多いことである。

　大阪市の3つの区はそれぞれ特徴が異なる。生野区は韓国の比率が63.0％と顕著に高く，西成区は中国と韓国とベトナムがそれぞれ約4分の1である。浪速区は中国が38.9％と最も多く，

韓国は大阪市の区のなかでは少ないほうである。群馬県大泉町は，ブラジルが 55.7 %，ペルーが 13.2 % を占めており，南米系の外国人住民が多い自治体として知られている。新宿区と豊島区は，東京の都心周辺に位置しており，早い時期からニューカマーの外国人の居住が進んだ。いずれも最も多いのは中国であるが，多様な国籍・地域の外国人が居住していることが他の自治体と比較した場合の特徴である。

外国人の集住地へのまなざし

このように統計資料を調べれば，外国人住民が多い自治体を知ることができる。そうした自治体の行政区域のなかには，特に外国人が多く住む地域が存在することもある。先ほど言及した大阪市の生野区には「猪飼野（いかいの）」と呼ばれる在日コリアンの集住地がある。また，東京都新宿区で特に注目されてきたのは，「大久保」や「新大久保」と呼ばれる地域である。

日本では，外国人の集住地であっても，たいていの場合は外国人よりも日本人のほうが多く住んでいる（町丁目別の統計資料を入手すれば確認することもできる）。そうしたこともあって，外国人の集住地を対象にした研究には，日本人と外国人との関係に焦点を当てたものが多く存在する。

集住地において住民の間でどのような関係が形成されているかは，実際に調べてみないとわからない。研究を行うにあたって自分で調査や資料収集を行うことが必要という当たり前のことをあえて書くのは，インターネットなどにおいて外国人の集住地に対する偏見に満ちた記事や書き込みが少なくないからである。それらのなかには排外主義と結びついた結論ありきのものもある。外国人と言っても日本には国籍・地域，年齢，学歴，職業，家族形態などが異なるさまざまな人がおり，すでに見てきたように地域

によってどんな外国人が住んでいるかは異なる。また，そのことは地域に住む日本人についても同様に言えることである。したがって，多くの集住地に共通して言えることがあるのも確かであるが，日本人と外国人との関係のあり方が地域によってさまざまであることは，念頭に置いておく必要があるだろう。

　外国人の集住地は，これまで社会学だけでなく地理学や都市計画などを専門とする研究者によっても調査が行われてきた。本章では調査方法にも注目しつつ，これまでの研究や調査対象である地域の特徴を紹介していくことにしたい。

2　団地と外国人

芝園団地　埼玉県川口市のUR川口芝園団地（章扉写真）には外国人が多く住んでいる。団地がある芝園町の人口は2024年1月1日現在で4646人，外国人比率は57.7％である。1978年に日本住宅公団によって建設された芝園団地は90年前後から徐々に日本人の住民が減少し，それに伴って外国人が増加した。

　2000年代の前半に江衛らが芝園団地に居住する中国人の調査を行っているが，この時点ですでに中国人住民に高学歴のIT技術者が多かったことを明らかにしている。アンケート調査に回答した中国人のほとんどが，1980年代後半から90年代にかけて留学生として来日した人々であった。中国人住民が増加した理由として，建物や設備の老朽化が進んだことで空室が増加し，先着順や無抽選での入居が可能になっていたことや，外国人への入居差別が多かった状況で入居の際に国籍が問われなかったことなどを

挙げている。また，中国人住民の多くが子育て世代であり，同胞が集住する地域が子どもの教育環境としてよいと考えていることも述べている（江・山下 2005）。

後述する岡崎（2022）によれば，外国人住民が増加するにしたがって，日本人住民と外国人住民との間でごみ出しや騒音といった生活上のトラブルも生じるようになった。2010年頃には，中国人居住者の多さから「チャイナ団地」などと揶揄するような報道もなされた。しかし，芝園団地を取材したジャーナリストの安田浩一は，摩擦は間違いなく存在したが，「メディアや右翼が騒ぐほどの問題はない」と言い切る日本人住民も少なくなかったと述べている（安田 2022）。

団地の参与観察

近年，芝園団地に関する本が2冊出版された。大島隆の『芝園団地に住んでいます』（2019）と岡崎広樹の『外国人集住団地』（2022）である。大島と岡崎の著書が興味深いのは，いずれもこの団地に住んで自治会活動にも参加しながら書かれたということである。社会調査法で言えば団地の参与観察（調査対象の一員となって比較的長期にわたって調査する方法）ということになるが，同じ時期に複数の異なる視点で書かれたものが存在するのは珍しい。いずれも研究書ではないが，2冊を読み比べてみてもよいだろう。

実際に住んでみると，働いている外国人の場合はある程度日本語がわかる人が多いことや，子どもの面倒を見てもらうために中国から短期滞在で親に来てもらっている人が少なくないこと，日本人よりも中国人のほうが住民同士で交流したいと思っている人が多いことなどがわかると，大島は述べている（大島 2019）。新聞記者である大島は，アメリカで取材したトランプ支持者の排外的な発言も頭に浮かべつつ，外国人住民が増えた地域に暮らす日

本人の「感情」にも焦点を当てる。さまざまな日本人住民や外国人住民の語りを丁寧に取り上げていることに加え，自治会活動のなかで自分の中に芽生えた外国人住民に対する「もやもや感」も直視して書いており，興味深い（大島 2019）。

　岡崎は団地に住んだ当初から自治会活動に積極的に関わり，日本人と外国人との関係形成に努めてきた。芝園団地の住民は高齢の日本人と若い外国人で構成されており，文化の違いだけでなく世代が異なることも関係形成を難しくしていた。団地ができた当初も日本人の住民の間でさまざまな生活問題が発生していたが（岡崎は自治会の総会資料や警察への要望書から当時の状況を紹介している），それらの解決に取り組み地域のコミュニティを築いてきた住民も高齢化が進んでいた。そのため，岡崎は両者のつなぎ役となる日本人の若者を地域外から呼び込むことを考え，岡崎の働きかけもあって大学生によるボランティア組織が結成された。最初の取り組みは，公共スペースに置かれていた机とイスに書かれた外国人に対する誹謗中傷の落書き消しであった。自治会やボランティア組織の取り組みは「三歩進んで二・五歩下がる」といった時間がかかるものであったが，自治会の役員を担う外国人住民も増え，芝園団地は多文化共生の先進地として評価されるようになっていく（岡崎 2022）。

　大島は，外部からの評価が高まることで一番変わったのは，ネット上の匿名の書き込みであったと述べている。「外国人が増えるとこんなひどいことになる」という主張の材料にならなくなり，団地に対する揶揄や中傷のコメントが以前より少なくなったのである。また，このことが住民の意識にも影響を与えた可能性があると述べている（大島 2019）。

「公営住宅」と外国人

芝園団地の外国人に高学歴のIT技術者が多いことには理由がある。都心にある職場へのアクセスがよかったということもあるが，UR（独立行政法人都市再生機構）や住宅供給公社が提供する住宅は入居者の所得の下限が決まっており，ある程度の家賃を払える人しか入居できない。また，日本人住民は住宅を購入して徐々に団地を離れていったが，それが可能なのは住宅の購入が可能な収入があったからだ（岡崎 2022）。

それに対して，公営住宅法に基づいて整備された県営や市営などの団地の場合（以下では，「公営住宅」という言葉をこれらの団地を指して使う），住宅に困窮する人々が入居者として想定されているため，逆に入居者の所得の上限が決まっている。森千香子によれば，1996年と2005年の公営住宅法の改正により，生活の安定した層が公営住宅から転出して社会的弱者との入れ替わりが進むことになった。高齢の居住者が多い公営住宅も少なくないが，これは単なる少子高齢化の反映ではなく，公営住宅の位置づけの転換という政治的選択から生まれた結果であると森は述べている（森 2006）。

家賃が安くURの団地と同様に入居差別が少ないことなどから，外国人の入居が進んだ公営住宅もあった。自治体や団地管理者を対象に行った量的調査（稲葉 2008a；王・藤井 2020）からは，在日コリアン，インドシナ難民，中国帰国者，南米系外国人が多く住む公営住宅が各地にあることが明らかになっている。公営住宅では家賃が低くおさえられていることもあり，生活問題の解決が住民の自治に任される傾向が強い。居住者のなかには社会的弱者も多く，問題解決のための社会資源が限られるなかで，住民や団地外の支援者などにより大きな負荷がかかることになる。

> 南米系外国人が多く住む団地で

　愛知県は都道府県別で最も南米系外国人が住む県である。2023年12月末現在では，愛知県だけで全国のブラジル人の29.1％，ペルー人の16.1％が住んでいる。愛知県が2021年に県内の16市に住む外国人を対象に実施した量的調査では，ブラジル人の17.8％，ペルー人の33.3％が県営や市営の公営住宅に住んでおり，公営住宅は住居として少なからぬ位置を占めている（ちなみに，一戸建ての持ち家などに住む人が増えたため値は減少する傾向にある）。

　松宮朝は，2001年から愛知県の南米系の外国人が住む団地に関わりながらさまざまな調査を実施してきた。団地の自治会から勤務先の大学へ問い合わせがあり，外国人住民をめぐる地域の取り組みに大学として寄与することが求められたのが契機であった（松宮 2010）。

　松宮の調査の過程と研究上の視点の変化は，地域社会を対象とした調査を考えるうえで大きな示唆に富む。団地に関わった当初に実施した量的調査からは，日本語ができない外国人住民が増加し，日本人住民の半数以上が外国人住民に対して否定的な感情をもつことが明らかになった。この結果をもとに考えると，団地に住む両者の間でトラブルが生じるはずであるが，そうしたトラブルは事前に回避されるか，起きたとしても速やかに解決されていた。松宮は状況を理解するために聞き取り調査を進めた。しかし，調査で得られた言葉はきれいなストーリーにはまとまらない。外国人住民への戸惑いを語る日本人の自治会役員が，親身になって外国人住民の相談にのっていたり，団地内で投げかけられる差別的な言動に憤り団地の現状を否定的に語る外国人住民が，日本人の自治会役員に強い信頼を表明したりするなど，語られたことと

実際の行動の間に大きなずれがあったのである (松宮 2012)。

言葉が生み出される生活の文脈に入らないと見えないことも多いと考えた松宮は，自治会の行事やボランティア組織の活動，ブラジル人によるイベントなどに多く関わるようになる。そして，外国人住民の増加がもたらす「問題」としてとらえる視点から，地域でともに暮らす実践の手法がどのように構築されたかという視点へと研究を転換する (松宮 2010, 2012)。

団地の自治会は，労を厭わずさまざまな活動にポルトガル語の通訳をつけるなど，外国人住民が地域の活動に参画できる仕組みを地道に作り上げていた。そのような取り組みは，ただ単に外国人に同化を促すものではなく，外国人住民を組み込むことによる地域の制度やルールの再編を伴うものであった。ブラジルの行事は団地の行事のひとつとして位置づけられた。また，外国人住民を排除する動きが認められた時には，それに反論して合意形成に向かうことを可能にするロジックが重要な役割を果たしていた。「会費を払うからには地域の一員である」というロジックをベースとしつつ，「防災」と「子ども」に関するロジックが多く用いられていたのである (松宮 2012, 2022)。松宮の研究は，外国人の排除に向かうことなく，地域コミュニティが直面する限界をひとつずつ乗り越え，絶えざる変容を可能にする方法に注目するものであった。

3 移住者が作り上げてきた街

大久保・新大久保

第1節で述べたように，新宿区では早くからニューカマーの外国人の居住が進ん

だ。そのなかでも「大久保」や「新大久保」と呼ばれる地域は特に外国人住民が多い。研究者によって研究対象とする地域的な範囲は微妙に異なるが，JR 中央線の大久保駅と JR 山手線の新大久保駅（いずれも新宿駅の隣の駅であり，300m ほど離れている）を中心に，百人町 1 丁目（2024 年 1 月 1 日現在の外国人比率は 37.3 %），百人町 2 丁目（同 40.0 %），大久保 1 丁目（同 37.6 %），大久保 2 丁目（同 32.2 %）を含むことはおおむね共通する。

　「新大久保」と聞くと，韓国料理のレストランや韓国風のしゃれたカフェ，韓流グッズや韓国コスメなどを扱う店をイメージする人も多いのではないか。こうした店は新大久保駅から東側に集中しており，韓流ファンたちにとっては「大久保」よりも「新大久保」と言ったほうが通りがよいかもしれないが，本章では「大久保」を使うことにしたい。

　大久保には韓国以外にも中国や台湾，タイ，ミャンマー，ネパール，ベトナムといったいろいろな国の店がある。また，飲食店や食材店，雑貨店だけでなく，美容室，旅行社，不動産仲介業，海外への送金所など，業種も多岐にわたっている。ある社会でエスニック・マイノリティが営むビジネスのことを「エスニック・ビジネス」と呼ぶ（樋口編 2012）。外国人が多く住む地域やその周辺にはよく見られるが，大久保には非常に多くのエスニック・ビジネスが集まっている。外国人を対象とした宗教施設や教育施設もあり，外国人の生活を支えている。こうしたビジネスや施設が外国人の交流の結節点になっている点は重要である。

　新宿区の町丁目ごとの国籍・地域別の人口は公表された統計からはわからないが，外国人住民の国籍・地域が多様であることは街を歩いてみるとよくわかる。大久保の外国人居住については「マルチエスニック」という言葉で形容されることもある。筆者

は 1990 年代半ばに 3 年ほど住んでいたが，さまざまなエスニック・コミュニティが同じ地域に重なりあって存在しているという印象を受けた。近年ではネパール人などの新たな国籍・地域の外国人住民が増加している。大久保は，巨大な繁華街である歌舞伎町の後背地ということもあって，日本人の住民も多様である点が他の地域とは異なる。また，数が減っていくらか様相が変わってきているが，ラブホテル街や昔ながらの商店街があるのも大久保の特徴である。

ニューカマーの来住

大久保においてニューカマーの外国人の集住が本格化するのは，1980 年代半ばのことである。早い時期から外国人の集住地やエスニック・ビジネスの集積地として注目され，これまでさまざまな領域の研究者によって数多くの研究が蓄積されてきた。以下では，居住が始まった契機やその前史，さらにはその後の変化を紹介することにしたい。

大久保の外国人住民を対象とした早い段階での調査としては，立教大学や中央大学のゼミ生を組織して行った奥田道大らの調査が挙げられる。1992 年に実施した調査の結果は奥田・田嶋編（1993）として出版され，その後も同様の方法で 2003 年 3 月まで調査が行われた。調査報告書や奥田・鈴木編（2001）のような出版物もあるが，ゼミ生による卒業論文や修士論文の形でも成果が蓄積されている（奥田 2004；阪口 2022）。都市計画の専門家などが集まった「まち居住研究会」の調査も早い段階から行われており，そのメンバーであった稲葉佳子も長期にわたって調査を続けた（稲葉 2008b）。渡戸一郎も 1990 年代前半から調査を行っている（渡戸 1998）。

ニューカマーの外国人が大久保を居住地に選んだ理由は，留学

で来日した外国人が通う日本語学校が多くあったこと（1983年に策定された「留学生10万人計画」を受けて，新宿区では日本語学校が乱立した）や，アルバイト先であった新宿や池袋などの繁華街に近かったこと，家賃の安い木造アパートが多く残っていたことなどであった。また，1980年代に入って歌舞伎町のクラブなどで働くようになった台湾人や韓国人の女性の宿舎として，経営者などがマンションなどを借りることも多かった。

木造アパートと外国人

稲葉らの調査によれば，1990年に大久保（北新宿1〜3丁目も調査対象地に含む）には約1000棟の木造アパートがあった（稲葉2008b）。東京では，新宿区に限らず山手線の西側沿線に「木賃アパートベルト地帯」と呼ばれる地域が広がっていた。これらの木造アパートは戦後復興期から高度経済成長期にかけて建てられ，地方から上京して働く多くの若者が住んでいた。牛見（1974）は労働条件などから職住分離が困難もしくはできない層を「居住立地限定階層」と呼んだが，そのなかでも繁華街で働き帰宅時間が深夜や明け方になる層が「木賃アパートベルト地帯」に多く居住しているとした（稲葉は大久保のことを「歌舞伎町のベッドタウン」と述べている）。また，東京の木賃アパートの場合，家主自身が住む土地に「庭先木賃」を建てるケースが大阪と比べて多かった（平山 2023）。

稲葉らの調査時点で大久保の木造アパートに住んでいた日本人は，身寄りのない高齢者や定職がない人々といった住宅弱者であり，家主の高齢化も進んでいた。一方で，1991年に同じ地域の不動産仲介業者を対象にした調査では，約9割が外国人に部屋の仲介を行っておらず，入居差別は深刻であった（稲葉2008b）。そうした外国人が同じく住宅弱者として設備共同の老朽化した木造アパートの住人となったのである。日本語の話せない外国人と

外国人とうまくコミュニケーションが取れない高齢者では、トラブルにならないわけがない状態だったと稲葉は述べている。また，両者の間で生じたトラブルの最大の要因は，先に来日した者を頼った外国人の同居者が次々と増加したことであった（稲葉 2008b）。

2000年代以降の大久保

最初の調査から 10 年後に行われた稲葉による 2000 年の調査では，外国人の居住状況は大きく変化していることが明らかになった（図 10-1）。まず，外国人の住居が老朽化した木造アパートから賃貸マンションへと移行した。留学生であっても，風呂付きのアパートやワンルームマンションに 2 人で入居するケースが増えた。バブル崩壊後に大久保の賃貸住宅市場が売り手市場に変わったこともあり，不動産業者の対応が「外国人受け入れ」に一変していたことが大きな理由である。家主の対応についても，世代交代やノウハウの蓄積などによってこの時期にはかなり柔軟になっていた。ニューカマーの韓国人や中国人が経営する不動産業者が現れた点も大きな変化である。外国人住民の属性も多様化した。1990 年時点では外国人住民は若年の単身者が中心であったが，10 年間で夫婦層やファミリー層などが増加した。学生に加えてホワイトカラーや自営業主の居住者も現れた（稲葉 2008b）。

奥田（2004）は，同時期の変化として，日本語学校への入学でも大学への進学が明確に意識されるようになっていることや，「新宿生まれ，新宿育ち」の子どもの出現などを挙げている。稲葉も奥田も，国籍・出身地の大半を中国・台湾・韓国が占めていた状況から，台湾の比重が低下してタイなどの居住者が増加したことを指摘している。

同胞向けとして始まった飲食店は，1990 年代半ばから徐々に日本人客を取り込んでいき，エスニック・ビジネスの業種も多様

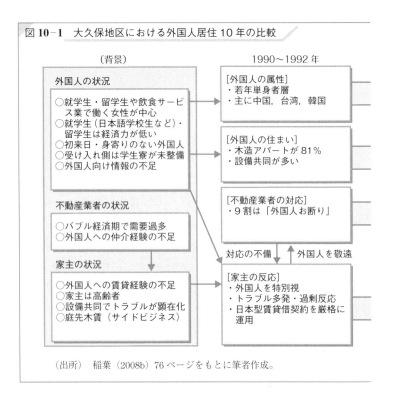

図10-1 大久保地区における外国人居住10年の比較

(出所) 稲葉 (2008b) 76ページをもとに筆者作成。

化していった。2000年代に入って大久保の街並みを大きく変化させたのは,韓国系のビジネスの拡大であり,2002年に日韓共催で行われたサッカーのワールドカップや韓流ブームを経て,「コリアンタウン」というイメージが作られていく。観光客も急増し,2012年から13年にかけてヘイトデモが行われた時期もあったが,それ以降も多くの韓流ファンが訪れる街であり続けている。

大久保をフィールドとした近年の研究には,この地域で多文化共生を推進してきた市民団体である「共住懇」の参与観察を行っ

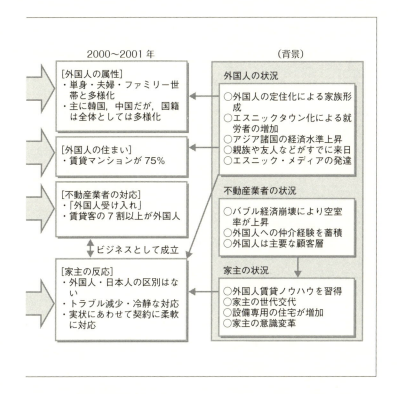

た阪口（2022）や,「コリアンタウン」の担い手であるエスニック・ビジネスの経営者らの調査を行った申（2024）などがある。また, ジャーナリストによるルポルタージュでは, 室橋（2024）がネパール人などの新しく大久保に住むようになった人々を取り上げている。近年の動向に関心がある人は手に取ってみてほしい。

4 外国人の集住地をとらえる視点

　ここまで外国人の集住地における日本人と外国人の関係について取り上げてきた。両者の関係を分析する場合，日本人と外国人がそれぞれどのような属性の人々であるかを考える必要がある。芝園団地では，日本人は居住歴が長い高齢者が多く，外国人はIT技術者のような階層が高い人々が中心であり，子育て世代が多かった。松宮が調査対象とした団地は，日本人も外国人もブルーカラーが多く，外国人だけでなく日本人も他の地域から「よそ者」としてやってきた人々であった。大久保の場合は，当初は単身の外国人が多かったが，次第に夫婦層やファミリー層などが増加し，次の世代の子どもたちも新たに住民として加わった。日本人の側で外国人と接するノウハウが蓄積されていっただけでなく，外国人の住居のタイプが変わることにより，外国人が日常生活で接する日本人も異なる層になった。

　町村敬志は，外国人の集住地域のあり方に影響を与える要因を5つ挙げている（町村 2019）。①移住者の人口規模，②在留資格や保有する各種資源，③同胞とのつながりへの移住者の依存度，④移住者の働く産業・企業が地域経済のなかで占める位置，⑤地域社会の寛容性・依存度である。外国人の集住地域では，これらの要素が絡み合って地域固有の文脈が現れる。松宮朝が述べるように，まず当該地域に特有の問題の構造に目を向ける必要があるのだ（松宮 2022）。外国人の集住地について考える場合，一般論を安易に適用するのではなく，資料の収集や現地での調査といった地道な作業から始めることが必要である。

引用・参照文献

樋口直人編,2012,『日本のエスニック・ビジネス』世界思想社。
平山洋介,2023,「木賃アパートと住宅政策」『都市問題』114(5)。
稲葉佳子,2008a,「公営住宅における外国人居住の実態に関する研究」『都市計画論文集』43(1)。
稲葉佳子,2008b,『オオクボ 都市の力』学芸出版社。
江衛・山下清海,2005,「公共住宅団地における華人ニューカマーズの集住化」『人文地理学研究』29。
町村敬志,2019,「エスニシティと境界」長谷川公一・浜日出夫・藤村正之・町村敬志『社会学〔新版〕』有斐閣。
松宮朝,2010,「これは何のための調査なのか」『社会と調査』4。
松宮朝,2012,「共住文化」山泰幸・阿立重和『現代文化のフィールドワーク入門』ミネルヴァ書房。
松宮朝,2022,『かかわりの循環』晃洋書房。
室橋裕和,2024,『ルポ新大久保 移民最前線都市を歩く』KADOKAWA。
森千香子,2006,「『施設化』する公営団地」『現代思想』34(14)。
岡崎広樹,2022,『外国人集住団地』扶桑社。
奥田道大,2004,『都市コミュニティの磁場』東京大学出版会。
奥田道大・鈴木久美子編,2001,『エスノポリス・新宿/池袋』ハーベスト社。
奥田道大・田嶋淳子編,1993,『新宿のアジア系外国人』めこん。
大島隆,2019,『芝園団地に住んでいます』明石書店。
阪口毅,2022,『流れゆく者たちのコミュニティ』ナカニシヤ出版。
申惠媛,2024,『エスニック空間の社会学』新曜社。
牛見章,1974,「居住立地限定階層に関する一連の研究(2)」『日本建築学会論文報告集』216。
王爽・藤井さやか,2020,「公的住宅団地における外国人集住の実態と取り組みに関する研究」『都市計画論文集』55(3)。
渡戸一郎,1998,「『多文化共生』のまちづくりへ」川村千鶴子編『多民族共生の街・新宿の底力』明石書店。
安田浩一,2022,『団地と移民』KADOKAWA。

Summary

　日本に住む外国人は全国的に増加しているが，都道府県や市区町村によって国籍・地域の構成比は大きく異なっている。また，人口が少なくても外国人住民の比率が高い自治体も存在する。地域社会における日本人と外国人の関係について考える場合，さまざまな地域に共通して言えることもあるが，地域に固有の状況についても考慮する必要がある。着眼点として重要だと思われるのは，地域社会を構成する日本人と外国人の属性がそれぞれの地域によって異なることである。外国人について言えば，特定の国籍・地域の住民が多い場合もあれば，多様な国籍・地域の人が住む「マルチエスニック」な地域もある。また，ニューカマーの来日が始まった頃はどの地域も若い単身者が多くを占めていたが，近年ではIT技術者のような階層が高い人々もいれば，ファミリー層や日本で生まれ育った子どもが多くを占める地域もある。日本人について，年齢や階層，居住歴などが地域によって異なっている。したがって，日本人と外国人の関係を分析するにあたっては，一般論を安易に適用するのではなく，資料の収集や現地での調査といった地道な作業から始めることが必要であると言える。

SEMINAR セミナー

1. あなたが住む都道府県や市区町村の在留外国人数を調べてみよう。可能であれば，国籍・地域別の人数や町丁目別の人数も調べてみよう。

2. あなたが外国人の集住地域を調査する場合，どのような方法で調査するかを考えてみよう。

3. あなたは，自分にとって身近な外国人と聞いた時にどんな人を思い浮かべるだろうか。あなたが外国人の場合は，自分や自分の親族以外の人で考えてみてほしい。

4. 大島（2019）や岡崎（2022）では，日本人住民と外国人住民が交流する地域になりたいという考えと，お互いが静かにトラブルなく暮らせれば，特に交流がなくてもかまわないという考えの2つが示されている。あなたならばどちらを選ぶか考えてみよう。

読書案内

松宮朝『かかわりの循環——コミュニティ実践の社会学』晃洋書房，2022

本章で触れた松宮の論考がまとめられている。外国籍住民の増加だけでなく，孤独死の増加，人口急増と地縁組織の加入率の低下といった地域の課題も取り上げている。松宮のフィールドでの経験や思考の積み重ねからは，地域コミュニティを研究する者が多くのことを学ぶことができる。

稲葉佳子『オオクボ 都市の力——多文化空間のダイナミズム』学芸出版社，2008

大久保を継続的に調査してきた稲葉が2008年時点までの研究をまとめたものである。外国人住民とエスニック・ビジネスについて緻密な調査がされている。大久保を研究する場合には欠かすことができない著書である。

谷富夫『民族関係の都市社会学——大阪猪飼野のフィールドワーク』ミネルヴァ書房，2015

谷は大阪の在日朝鮮人の集住地である猪飼野に長年関わって調査を続けてきた。これまで多くの成果を生み出してきたが，それらを2015年時点でまとめたものである。谷が用いた世代間生活史法は，世代を重ねるニューカマーの集住地を研究する際にも参考になるだろう。

―――――― 伊藤泰郎◆

第11章 都市下層と地域社会

2000年代,都市部の河川沿いには住居を確保できない人々の仮小屋が立ち並んでいた (2004年7月17日,筆者撮影)

　身体をもった人間である以上,私たちの誰もが,どこかの地域で暮らしている。しかし,ネットカフェ生活者のように,アパートなどの一般的な住居を確保することができずに,失業や困窮と隣り合わせの状態で,地域社会に十全に帰属することができないまま生活を送っている人もそれなりの厚みをもって存在している。就労の不安定性と居住の不安定性によって特徴づけられる人々を本章では「都市下層」と呼ぶ。日本社会において都市下層にある程度関心が向けられるようになったのはおおむね1990年代以降のことだが,それよりもはるか以前から都市下層は存在してきた。本章では,日本社会における都市下層の典型である寄せ場労働者の就労・生活形態や,野宿者(いわゆる「ホームレス」の人々)が社会的に注目されるようになった経緯,そうした人々に対してなされてきた対策とその課題などについて考えていく。

1 地域社会に帰属できない人々

> ネットカフェで暮らす人々

　身体をもった人間である以上，私たちの誰もが，どこかの地域で暮らしている。しかしそのなかには，戸建てやマンション，アパートといった一般的にイメージされる住まいを確保することができず，地域社会に十全に帰属することができないまま生活を送っている人もそれなりの厚みをもって存在している。たとえば，ネットカフェ等で暮らす人々（ネットカフェ生活者）がいる。東京都が2016年11月から17年1月にかけて実施した調査の結果によれば，住居を喪失してネットカフェ・漫画喫茶等に寝泊まりしている人々は都内で約4000人と推計されており，さらにこの4000人のうち500人程度が失業・無業状態にあり，3000人程度がパート・アルバイト，派遣労働者，契約社員などの形態で働く不安定就労者であると推計されている（東京都福祉保健局生活福祉部生活支援課 2018）。このような人々の場合，収入も不安定であるため，ずっとネットカフェ等で寝泊まりをし続けているわけでは必ずしもなく，ネットカフェ等にいる「住居喪失者」のうち，路上（公園・河川敷・道路・駅舎等の施設）でも寝泊まりしている人は4割強を占める（同書）。「家がない人」と聞いて私たちが連想しやすい，公園や駅，河川敷などで野宿する人々とネットカフェ生活者とは地続きなのだ。

　本章では，このような就労の不安定性と居住の不安定性によって特徴づけられる人々を都市下層と呼び，そのような人々と地域社会との関係について考えていく。都市下層は，貧困層一般とは

異なり，その特徴ゆえに，地域社会のなかに十分な生活基盤を確保することが困難な状況におかれる一方で，地域社会からは無視され，あるいは排除されやすい人々でもある。日本社会において都市下層にある程度関心が向けられるようになったのは，野宿者（いわゆる「ホームレス」の人々）についてはおおむね1990年代，ネットカフェ生活者については2000年代からのことだが，そうした人々は，それよりもはるか以前から日本社会に存在してきた。その典型が寄せ場労働者である。

寄せ場労働者とは

寄せ場労働者とは，寄せ場を介して就労する日雇労働者のことである。そして寄せ場とは，最も狭い意味では，日雇労働者の就労場所を指す。寄せ場となっている公園や路上などには，早朝から，その日の仕事を求める日雇労働者（＝求職者）と，その日に必要な労働力を求める建設業者などの雇用主あるいは「手配師」と呼ばれる（違法な）労働斡旋業者とが集まり，対面での直接交渉によってその場で雇用契約が（多くの場合は口頭で）結ばれる。仕事が決まった労働者は，業者のライトバンやマイクロバスで，あるいは現場までの地図と電車賃を渡されて，その日の労働現場へと向かう。

他方で，「寄せ場」という語がもう少し広い意味で用いられる場合には，日雇労働者が就労し生活する一定の地理的範域，いわば"日雇労働者の街"を意味する。先に述べた狭義の寄せ場，すなわち日雇労働者の就労場所の周辺には，日雇労働を専門に紹介する職業安定所や，簡素だが低廉な旅館である簡易宿泊所（「ドヤ」とも呼ばれる），食堂，喫茶店，コインランドリーなど，日雇労働者の生活に必要なさまざまな施設や商店が立地し，その地域一帯が日雇労働者の街となってきた場合もあった。これが広義の寄せ場であり，この意味における寄せ場の代表的なものとしては，

大阪の釜ヶ崎（行政上の地区名は「あいりん地区」），東京の山谷，横浜の寿地区などが挙げられる。

　戦後の寄せ場は，高度経済成長期に，建設業・運輸業（特に港湾荷役）・製造業の増え続ける労働力需要を背景に，農村からの出稼ぎ者や離農者，都市内部の失業者を吸収して膨張してきた（駒井　1969；江口ほか編　1979；松沢　1988）。そして寄せ場労働者の就労先の産業は1980年代以降は建設業に特化し，寄せ場労働者は，建設業の重層的な下請構造の最末端に位置づけられてきた。

　寄せ場における日雇労働者の就労形態にはいくつか種類がある。朝に就労してその日1日の仕事が終わった段階で雇用契約が終了する「日々雇い」のほかに，「契約／出張」（数日から数週間の雇用契約で飯場と呼ばれる建設作業員用の宿舎に入りそこから労働現場へと通うという形態）もあるし，「直行」（作業への熟練や技能などを評価されて同一の業者にある程度連続して雇用され毎朝労働現場へ直行するという形態）もある。後の2者の場合も，日雇あるいは臨時という雇用契約を繰り返すという形態であるため，不安定さという点では「日々雇い」と大差がない。「直行」で働く労働者の場合のように，一定の熟練や技能をもっていることが就労の相対的な安定につながることはありうるが，いかに熟練者であっても，病気や怪我，加齢による体力の衰えなどによって容易に失業へと追い込まれうる。常に失業の危険と隣り合わせの状態にあるのが寄せ場労働者の就労形態の特性である。

不安定居住を強いられるということ

　寄せ場労働者の生活の特徴は，その居住の不安定性にある。寄せ場労働者の多くは，簡易宿泊所や飯場など，一般的には住居とはみなされにくい施設を事実上の住まいとしている。こうした居住形態は，労働者の単なる「好み」や気まぐれによってで

はなく，就労の不安定性に規定されるなかで強いられているものである。寄せ場労働者の雇用形態は不安定で，今日仕事に就けたとしても，明日も同じように仕事に就けるかどうかはわからない。一般に，簡易宿泊所に宿泊することに比べ，飯場に入ることは労働者からは好まれない傾向にある。飯場に入ることは労働の場面だけでなく生活の場面においても雇用主の管理下に入ることを意味し，また，飯場のなかには住環境が劣悪なものや法外な額の「食費」や「布団代」などを賃金から天引きする悪質な業者が運営しているものもあるためである。だがそれでも，不況期や年末年始など求人が少ない時期には，仕事が途切れ路頭に迷うことを回避するために飯場に入ることを選ばざるをえない労働者もいる。また，仕事を求めて寄せ場から寄せ場へ（たとえば東京の山谷から大阪の釜ヶ崎へ）と就労・生活拠点を変える場合もある。

　このように，寄せ場労働者の多くは，折々の日雇労働力需要に応じて，その住まいを変える。仮にアパートを借りた場合，賃貸契約期間中はそこに実際に住んでいようがいまいが家賃を支払い続けなければならないが，簡易宿泊所の場合は，実際に宿泊する日数分の宿泊料しか発生しない。簡易宿泊所を住まいとすることには，求人状況に応じて移動を余儀なくされやすい条件下にあって，住居費を最低限に抑えるという意味がある。逆に言えば，寄せ場労働者は，その就労の不安定性ゆえに，アパートなどの慣習的な住居に定住することが困難な状況におかれているとも言える。

　一方で，簡易宿泊所を住まいとすることは，野宿に至る危険とも隣り合わせである。アパートに住んでいる人が仕事を失ったとしても，それだけでストレートに野宿へと至るわけではない。貯蓄を切り崩す，あるいは家族・親族の援助を受けるなどしながら仕事を探して，家賃を滞納する前に次の仕事に就くことができる

かもしれない。また，たとえ家賃を滞納したとしても，滞納したその日にすぐ立ち退きを迫られるということはあまりない。だが簡易宿泊所の場合，失業が続いて貯蓄が底を尽きその日の宿泊料を支払うことができなければ，その日から寝床を失うことになり，その段階で飯場に入ることができなければ，野宿するしかない。寄せ場労働者の間で野宿を指す隠語として「アオカン」という言葉があるが，こうした言葉が隠語として流通すること自体が，寄せ場労働者の居住の不安定性を示している。また，簡易宿泊所は，住居ではなく宿泊施設とみなされているため，宿泊者が住民票を置くことは難しい。その結果，労働者がその簡易宿泊所を実質的に住まいとしていたとしても，その自治体の公式の「住民」としてはカウントされず，地域住民組織である町内会の構成員とみなされることもほとんどない。

　日本の都市部には，この寄せ場労働者やネットカフェ生活者のように，その居住基盤の不安定性ゆえに，その地域で暮らしているという実態があっても，住所設定ができていなかったり地域住民組織にも加入していなかったり（できなかったり）して，地域社会に帰属できないでいる人々が，それなりの厚みをもって存在してきたのである。そのような都市下層が野宿者（いわゆるホームレスの人々）として顕在化し社会的な関心が集まるようになったのは1990年代のことである。次節では，1990年代以降の日本社会において顕在化した野宿者がどのような人々であったかを概観したうえで，どのようにして野宿者に関心が集まり，どのような対策がなされてきたのかをみていく。

2 都市下層の顕在化と社会問題化

誰が野宿者となってきたのか　先にもふれたように，日本において野宿をする人々の存在が社会的に広く注目され，そうした人々への対応のあり方が社会問題として取り沙汰されるようになったのは，1990年代以降のことである。ここではまず，野宿者を対象に実施されてきた大量調査の結果から，日本社会においてどのような人々が野宿者となってきたのかを確認しておこう。

まず，性別については，いずれの都市においても，男性が圧倒的な比率を占めている。また，年齢については，50代・60代の割合が高くなっていることがわかる（表11-1）。

次に，職業履歴については，ここでは一例として東京23区において2000年に実施された調査の結果を参照しておく（表11-2）。

最長職（その人の職歴のなかで最も長く就いていた仕事）では「ブルーカラー（建設業以外）常雇」が最多で3割弱，次いで，「ブルーカラー（建設業）日雇」がおよそ2割，「サービス・販売常雇」，「ブルーカラー（建設業）常雇」がそれぞれ1割程度となっている。これに対し，直前職（その人が野宿をするようになる直前に就いていた仕事）では，「ブルーカラー（建設業）日雇」が4割以上を占めていること，「ブルーカラー（建設業以外）常雇」は1割強にまで減少していることなどがわかる。

また，野宿に至る以前に住んでいた住居の形態（表11-3）としては，直前職時点における住居としては，いずれの都市においても「持ち家・賃貸」が3〜4割程度であるのに対し，「住み込み・

表11-1 野宿者の性別と年齢

調査対象地域・調査年	大阪市・1999年	東京23区・2000年	名古屋市・2001年
性別			
男性	652　(97.0)	694　(97.9)	258　(98.9)
女性	20　(3.0)	15　(2.1)	3　(1.1)
計	672　(100.0)	709　(100.0)	261　(100.0)
年齢			
40歳未満	21　(3.2)	47　(6.7)	7　(2.8)
40代	114　(17.1)	138　(19.6)	28　(11.1)
50代	300　(45.0)	337　(47.9)	109　(43.3)
60代	205　(30.8)	161　(22.9)	93　(36.9)
70歳以上	26　(3.9)	20　(2.8)	15　(6.0)
計	666　(100.0)	703　(100.0)	252　(100.0)
平均年齢	55.8	54.0	57.5

（注）　1. 厚生労働省調査は，事前の概数調査において「ホームレス」数が多い
　　　　2. いずれの調査も全数調査ではないので，「計」が調査対象地域の「ホー
（出所）　大阪市立大学都市環境問題研究会（2001），都市生活研究会（2000），基
　　　　に関する全国調査検討会（2012），厚生労働省社会・援護局地域福祉課生

寮・社宅・飯場」といった雇用先から提供されているいわば職住一体型の住居や，「簡易宿泊所・カプセルホテル・サウナなど」の一般的には「住居」とはみなされていない商業的な宿泊施設が多数を占めていることがわかる。

ここまでみてきた調査結果から浮かび上がってくるのは，主に建設業あるいは製造業のブルーカラー職に就き，居住面においてもしばしば職住一体型住居や宿泊施設といった相対的に脆弱な居住基盤のもとで生活を送ってきた中高年の男性（そのなかには寄せ場労働者も含まれる）が，失業や困窮を契機として野宿へと至っている，という端的な事実である。

国内都市部・2003年 （厚生労働省実施）	国内都市部・2012年 （厚生労働省実施）	国内都市部・2022年 （厚生労働省実施）
2014　（95.2） 101　（4.8）	1241　（95.5） 59　（4.5）	1106　（95.8） 48　（4.2）
2115　（100.0）	1300　（100.0）	1154　（100.0）
97　（4.5） 317　（14.7） 977　（45.4） 662　（30.8） 99　（4.6）	50　（3.8） 157　（11.8） 388　（29.2） 561　（42.2） 172　（13.0）	33　（2.8） 87　（7.5） 227　（19.6） 413　（35.6） 399　（34.4）
2152　（100.0）	1328　（100.0）	1159　（100.0）
55.9	59.3	63.6

ことが確認された自治体が調査対象。
ムレス」数全体を意味しているわけではない。
礎生活保障問題研究会（2002），厚生労働省（2003），ホームレスの実態
活困窮者自立支援室（2022）をもとに筆者作成。

福祉制度からの排除と
寄せ場への吸引

　教科書的に言えば，生活保護制度は，すべての国民に最低限度の生活を保障する制度である。しかしその運用においては，2000年代後半までは，生活に困窮した人であっても，住居を喪失した人々については，稼働能力の有無を主な基準とした選別がなされ，稼働能力のある人々は実質的にそこから排除される傾向にあった。

　具体的に述べるならば，まず，住居を喪失した人々は，その自治体に住民票を置いていない限り，「住所不定者」として扱われる。そして「住所不定者」については，生活に困窮していたとし

第11章　都市下層と地域社会　　235

表 11-2　野宿者の最長職と直前職（%）（東京 23 区・2000 年調査）

	最長職（n=677）	直前職（n=602）
ホワイトカラー常雇	8.4	3.8
サービス・販売常雇	11.2	6.8
サービス・販売臨時	1.8	3.3
ブルーカラー（建設業以外）常雇	27.6	13.3
ブルーカラー（建設業以外）臨時	4.0	1.0
ブルーカラー（建設業）常雇	10.8	6.6
ブルーカラー（建設業）臨時	6.1	8.1
ブルーカラー（建設業）日雇	20.7	44.9
その他	9.4	12.2
有効回答計	100.0	100.0

（出所）　萩原（2001）を再集計。

ても，その人に「稼働能力」があるとみなされた場合には，生活保護は（医療扶助を除いて）ほとんど適用されなかった。ここでの「稼働能力」とは，医師の判定に基づく身体能力上の「稼働能力」である。また，この医療上の判定においては，病気を患ったり怪我を負っていても，入院を要するような重篤な場合を除いては，「就労不可」ではなく「軽労働可」という判定が出されることが多く，その場合，生活保護のうち医療扶助は適用されても，生活扶助や住宅扶助は適用されないことが多かった。

　「住所不定者」に対する生活保護適用の可否の基準として，上記のような医師による狭義の「稼働能力」判定とともに重視されてきたのは，年齢であり，その人が「高齢者」（おおむね 65 歳以上）であった場合には，生活保護が適用されやすくなる。つまり，「軽労働」もできないほどの疾病や怪我を抱えている「病人・怪我人」であるか「高齢者」である場合を除いて，野宿者は生活保

表 11-3 野宿に至る以前の住居の形態

時点	大阪市・1999年 直前職時	東京23区・2000年 最長職時	東京23区・2000年 直前職時	名古屋市・2001年 最長職時	名古屋市・2001年 直前職時
持ち家・賃貸	35.1	48.0	33.2	56.7	39.1
住み込み・寮・社宅・飯場	44.9	42.1	38.0	38.3	35.6
簡易宿泊所・カプセルホテル・サウナなど	40.4	8.1	23.1	3.1	18.7
その他	1.6	1.8	5.7	2.0	6.6
計	122.0	100.0	100.0	100.0	100.0
ケース数	559	708	702	259	261

（注）　大阪調査では最長職時の住居にあたる調査項目はない。また，複数回答のため，総ケース数に対する割合の合計は100％を超えている。
（出所）　都市生活研究会（2000），大阪市立大学都市環境問題研究会（2001），基礎生活保障問題研究会（2002）を再集計。

護行政から実質的に排除されてきた。

　そのようにして生活保護から実質的に排除されてきた「住所不定」の人々を吸収し，当面の住まいと生計の途を提供してきたのが，寄せ場である。つまり寄せ場は，さまざまな事情で住居を喪失した人々を労働力として吸引して，当座の仕事と宿を提供することで，都市下層の人々が野宿者というかたちで街中に溢れ可視化することを抑制する「緩衝装置」として機能してきたのである（西澤 1995）。「住所不定」者の生活保護行政からの実質的な排除は，寄せ場のもつこのような「緩衝装置」としての機能と"連動"してきたということもできるだろう。

　しかし，寄せ場がもっていたそのような「緩衝装置」としての機能は，1980年代以降，日雇労働市場の変容のなかで次第に弱

体化してきた。すなわち，①スポーツ新聞の求人広告やアルバイト求人雑誌（さらに2000年代以降はインターネット上の求人サイトがそれらにとって代わっていく）といった，寄せ場に代わるあらたな求人経路の一般化，②寄せ場を末端労働力の調達場所として活用してきた建設業全体の不振（特に建設公共投資が減少に転じた1990年代後半から2010年代前半まで）と労働力の再編（機械化，常用化，若年労働力の確保等）といった変容である。その結果として，日雇労働力の選別は厳しさを増し，中高年者，建設の経験・技能や資格をもたない人，高血圧などの健康リスクを抱える人が寄せ場において仕事を得ることは，より困難になった。先にみた野宿者の年齢構成における中高年者の割合の高さは，一方では日雇労働市場から年齢や無技能・無資格，健康状態などを理由にはじき出され，他方で「高齢者」にも（「病人」にも）なれずに生活保護制度から実質的に排除されていた人々が，簡易宿泊所などの寝床を確保できずに路上に放置されていった結果であることを示唆している。

「ホームレス問題」の社会問題化

そのようにして生活保護行政からも日雇労働市場からも排除された人々が路上に堆積させられていくなかで，1990年代から，段ボールやブルーシート，廃材などを用いて当面の生活の拠点となりうるテントや小屋を公園や道路，河川敷などに構え，空き缶や古雑誌を回収しリサイクル業者に買い取ってもらうといった雑業に定期的に従事し，（そのほとんどは生活保護基準以下の低収入ではあるけれども）ある程度自足的な路上生活（野宿生活）を構築する人々も現れてきた（北川 2001；妻木 2003）。この路上生活の構築は，野宿という過酷な条件のもとで自身の生存を維持していくための，野宿者たちの生き抜き戦略（survival strategy）

(Snow & Anderson 1993；山口 1998）の1つであるとも言える。

　他方で，路上において展開されるそうした生活は，通行人や周辺住民からのさまざまな反応を呼び起こしてもきた。そしてそうした反応は，道路や公園の「不法占拠」への「苦情」というかたちをとって自治体へも向けられた。またその一方で，野宿者支援・当事者団体の側からも，野宿者が路上から抜け出せるような公的施策を要求する声が高まってきた。先に述べたように日本において野宿者の存在が「ホームレス問題」として社会的に取り沙汰されるようになったのは1990年代以降のことであるが，これは，野宿者数が増加したことに加えて，野宿者たちによる路上生活の構築が広まったことにより，野宿者の姿が社会的に可視化されたことによるところが大きい。

　こうした状況のなかで，大阪市，東京都など野宿者を多く抱えるようになった自治体において1990年代後半から，野宿者を路上から退出させる「ホームレス対策」が計画・実施されるようになった。こうした対策は，当初はそれぞれの自治体の独自財源によって実施されていたが，2002年7月に「ホームレスの自立の支援等に関する特別措置法」が制定されて以降は国からも相応の予算措置が講じられるようになり，また，自治体はそれぞれの実情に応じた施策を策定・実施することが責務とされることになった。

3 都市下層と地域社会

> 各種対策による野宿者数の減少

自治体が実施してきたホームレス対策の種類や規模はさまざまであるが、多くの自治体において対策の柱の1つとされてきたのが、「自立支援事業」である。これは、「自立支援センター」等の施設に入所して各種相談および衣食住の支援を受けながら就職活動を行い、就職が決まればセンターから仕事に通ってアパート入居のための資金を貯め、最終的にアパートでの「自立生活」へと移行することを支援するという施策である。一般に、住居を喪失した人は、住居や連絡先がないために日雇以外の仕事を得ることは困難になりがちである。自立支援事業は、その点について住所の提供を行うなどして労働市場への再参入の条件をととのえるものであるということもできる。ただし、この自立支援事業を利用して実際に「就労自立」しアパート等へ入居できる人は限定的であり、年齢や職歴などから再就職が思うように進まなかったり施設での集団生活や規則に耐えられなかったりして自主退所や無断退所して路上へと戻る（戻らざるをえなくなる）人もそれなりの厚みをもっている（北川 2006）。

一方で、こうした自立支援事業の限界を補うように、2000年代からは、高齢者や傷病者以外の野宿者に対する生活保護適用も拡大してきた。そのことも一因となって、国内の野宿者数は減少を続けてきている。たとえば、厚生労働省が定期的に実施している野宿者の概数調査によれば、ホームレス自立支援法制定直後の2003年には2万5296人であったのに対し2020年には3992人と、

およそ6分の1にまで減少してきている(厚生労働省 2003, 2020)。

ただし,そのようにして生活保護適用となった人々がすべてアパートなどの一般的な住居で生活を送るようになっているわけでは必ずしもない。路上からの「受け皿」として大きな比重を占めるようになってきたのが「無料低額宿泊所」などの施設である。ただ,こうした施設において入所者に提供される居室やサービスには質・量とも大きな幅がある(山田 2016)。なかには,劣悪な住環境や貧弱なサービスしか提供していないにもかかわらず(入所者が受給する)生活保護費の大半を「施設利用料」等の名目で徴収し入所者を搾取し続ける悪質な施設が少なからず存在することが指摘されてきており,その規制のあり方や施設からアパートへの転宅の促進などが模索されてきてもいる。

路上から地域へ

ホームレス対策は現在も模索の段階にあるが,その方向性を一言でまとめるならば,「路上から地域へ」と言うことができるだろう。野宿者というかたちでの都市下層の増加・可視化が日本における「ホームレス問題」認識の出発点であったという点に鑑みれば,できるだけ多くの野宿者を路上からすくい上げ路上に戻さないということは,政策の1つの「着地点」ではありうる。しかし,施設やアパートに入居するということは,必ずしもその人が地域社会に包摂されることをそのまま意味するわけではない。言い換えれば,「家がある」ということは,社会的包摂の十分条件ではない。野宿を経験したのちアパートあるいは施設等で生活保護を受給する人々を対象に行われた調査によれば,日常生活のなかで相談できる人や機関がない,あるいは非常に限定されている,という事実も報告されている(たとえば山田 2009;後藤 2013)。路上からアパート

等へ移った人へのアフターフォローなどの施策がさまざまな自治体で模索されつつあるが、それが十分に機能しなければ、「孤独死」予備軍を地域にばらまいただけ、ということにもなりかねない。「ホームレス支援」に携わっている人々の間ではしばしば、「"ホームレス"の"ホーム"は単なる"家"のことではなく、家族や友人など親しい人々との社会的なつながりのことである」ということが言われる（山崎ほか 2006）。「ホームレス対策」が問うているのは、地域社会とのつながりがそもそもなかったり、希薄であったりした人々が社会的なつながりを再獲得できる条件を、社会の側がどのようにととのえていけるか、ということであるとも言えよう。

路上にいる人々にどう向き合うか

他のさまざまな行政施策がそうであるのと同様、「完璧なホームレス対策」というものがありえない以上、現在野宿をしている人すべてが「ホームレス対策」を通じて野宿から抜け出せるわけではない。また、仮にすべての野宿者が利用可能かつ利用を希望するような施策があったとしても、その施策の存在を知り、また、実際の利用にこぎ着けるまでには、時間的なタイムラグもある。新たに住まいを失い野宿へと追い込まれる人の数も、野宿へ至る手前の段階での社会保障制度の整備などによって減らすことはできるだろうが、「ゼロ」にすることはできないだろう。とするならば、「野宿者がいない」社会を前提とすることは現実的ではない。

仮にある公園や道路から野宿者を強制的に立ち退かせたとしても、その人たちが消えてなくなるわけではない。身体をもった人間である以上、排除された人たちはどこかの公共空間（住居など私的に占有可能な空間をもてない以上、移動先は公共空間とならざる

をえない)に身を置かざるをえない。野宿者の物理的な排除は,その人がなぜ野宿をせざるをえないでいるのか,という根本的な問題を見えなくし,また,排除された人々の行政や社会に対する不信感を生みあるいは増幅することにより,問題解決を遠のかせることにしかならない。とにかく自分の目の前から居なくなればよい,見えなくなればよい,という短絡的な発想では何も解決しない。現に野宿を余儀なくされている人々がこの社会に存在していることをまずは認めたうえで,彼ら・彼女らと向き合いながら,どのような解決策がありうるのか(たとえば,公園等の空間の使い方が問題であるならばどのような妥協点があるのか),粘り強く探っていく姿勢が求められるのではないだろうか。

引用・参照文献

江口英一・西岡幸泰・加藤佑治編, 1979, 『山谷――失業の現代的意味』未來社。

後藤広史, 2013, 『ホームレス状態からの「脱却」に向けた支援――人間関係・自尊感情・「場」の保障』明石書店。

萩原景節, 2001, 「路上生活へと至る経路 『平成11年度路上生活者実態調査』報告書から (2)」『季刊 Shelter-less』10。

ホームレスの実態に関する全国調査検討会, 2012, 『平成24年「ホームレスの実態に関する全国調査検討会」報告書』。

基礎生活保障問題研究会, 2002, 『名古屋市「ホームレス」聞取り調査等に関する最終報告書』。

北川由紀彦, 2001, 「野宿者の集団形成と維持の過程――新宿駅周辺部を事例として」『解放社会学研究』(15)。

北川由紀彦, 2006, 「野宿者の再選別過程――東京都「自立支援センター」利用経験者聞き取り調査から」狩谷あゆみ編『不埒な希望――ホームレス/寄せ場をめぐる社会学』松籟社。

駒井洋, 1969, 「山谷日雇労働者の社会的移動――職安資料に基づく一

試論」『人口問題研究』110。
厚生労働省，2003，『ホームレスの実態に関する全国調査報告書』。
厚生労働省，2020，『ホームレスの実態に関する全国調査（概数調査）結果について』（2020 年 7 月 22 日報道発表資料，https://www.mhlw.go.jp/content/12003000/000649857.pdf，2020 年 7 月 23 日取得）。
厚生労働省社会・援護局地域福祉課生活困窮者自立支援室，2022，『ホームレスの実態に関する全国調査（生活実態調査）の分析結果』。
松沢哲成，1988，「寄せ場の形成，機能，そして闘い」『寄せ場』1。
西澤晃彦，1995，『隠蔽された外部——都市下層のエスノグラフィー』彩流社。
大阪市立大学都市環境問題研究会，2001，『野宿生活者（ホームレス）に関する総合的調査研究報告書』。
Snow D. and L. Anderson, 1993, *Down on Their Luck: A Study of Homeless Street People*, University of California Press.
東京都福祉保健局生活福祉部生活支援課，2018，『住居喪失不安定就労者等の実態に関する調査報告書』。
都市生活研究会，2000，『平成 11 年度路上生活者実態調査』。
妻木進吾，2003，「野宿生活——『社会生活の拒否』という選択」『ソシオロジ』48（1）。
山田壮志郎，2009，『ホームレス支援における就労と福祉』明石書店。
山田壮志郎，2016，『無料低額宿泊所の研究——貧困ビジネスから社会福祉事業へ』明石書店。
山口恵子，1998，「新宿における野宿者の生きぬき戦略——野宿者間の社会関係を中心に」『日本都市社会学会年報』16。
山崎克明・奥田知志・稲月正・藤村修・森松長生，2006，『ホームレス自立支援——NPO・市民・行政協働による「ホームの回復」』明石書店。

Summary

　身体をもった人間である以上，私たちの誰もが，どこかの地域で暮らしている。しかしそのなかには，ネットカフェ生活者や野宿者のように，住まいを確保することができず，地域社会に十全

に帰属することもできないまま生活している人も存在している。そのような人々（都市下層）の典型が寄せ場労働者である。寄せ場労働者は就労の不安定性に由来する居住の不安定性などから地域社会の正当な「住民」とはみなされてこなかった。寄せ場は，そのような人々を生活保護制度から排除しつつ野宿者として可視化することを抑制する緩衝装置でもあった。しかし寄せ場の日雇労働市場としての機能が衰退するのに伴い，都市下層は野宿者として増加・顕在化し，いわゆる「ホームレス問題」として取り沙汰されるようになり，またさまざまな支援策が講じられてきた。その結果，野宿者の数自体は減少傾向にあるが，そこにはいまださまざまな限界や課題があり，模索が続けられている。

SEMINAR セミナー

1. あなたが住んでいる都道府県にはどのくらいの野宿者がいるのか，調べてみよう。
2. あなたが住んでいる自治体ではホームレス支援は行われているだろうか。また行われているとすればどのようなものだろうか。自治体のウェブサイトなどで調べてみよう。
3. あなたの生活圏には生活困窮者を支援する民間団体はあるだろうか。あるとすればどのような活動をしているだろうか。調べてみよう。
4. あなたの友人が住居を失いホームレス状態になってしまったと仮定して，友人にどのようなアドバイスができるか，考えてみよう。

読書案内

青木秀男編『ホームレス・スタディーズ——排除と包摂のリアリティ』ミネルヴァ書房，2010

寄せ場や野宿者に関する論文集。寄せ場の歴史的な形成過程や近年の変化，ホームレスと家族との関係，野宿者支援運動の動向や課題など，さまざまな角度から論じられている。

稲月正『伴走支援システム——生活困窮者の自立と参加包摂型の地域づくりに向けて』明石書店，2022

　路上生活の段階からアパート移行後まで一貫して関わり続けるようなホームレス支援のあり方（伴走支援システム）の意義や，そうした仕組みづくりが地域社会全体の包摂力の向上にもつながることなどについて，北九州市で活動する生活困窮者支援NPOの活動に即しながら具体的に論じている。

丸山里美『女性ホームレスとして生きる——貧困と排除の社会学〔増補新装版〕』世界思想社，2021

　日本において女性の野宿者が少ないのは，女性や母子を対象とした福祉施設などに保護されているからであって，女性が貧困やホームレス状態と無縁だからなのではまったくない。日本の福祉制度とジェンダーとの関係，女性がホームレス状態を生きることにまつわる困難などが，豊富なデータとともに論じられている。

——————— 北川由紀彦◆

第12章 交通と地域社会

地域の主要施設間を結ぶ運行ルートを走行する自動運転バス
（茨城県境町）

  地域社会での生活は，通勤・通学や食料品・日用品の買い物，通院など，日常的な外出と移動を伴う。この日常的な移動と深く関わっているのが交通である。たとえば，地域の交通サービスの供給状況はそこに居住する人々の移動のしやすさを左右し，それは地域での生活のあり方全般へ影響を及ぼす。一方，全国規模の長距離高速交通の整備が，沿線地域へさまざまな影響をもたらすこともある。

  これまで社会学では，交通を対象とする研究はそれほど多くなかった。しかし，地域社会にとって，交通基盤整備や交通利用をめぐる状況と今後の計画は，地域の少子高齢化，過疎化への対応という観点からも重要なものである。

  本章では，さまざまな規模の交通の整備・維持が地域へ何をもたらすのか，また逆に地域社会のあり方が交通の整備・維持へどのような影響を与えるのか，という双方向の視点から，交通と地域社会の関係を概観していく。

1 交通と地域の相互関係

交通が地域にもたらすもの

　地域社会で生活するためには，さまざまな生活基盤（インフラストラクチャー）が必要である。電気，水道，ガスなどが典型例だが，道路，鉄道，バス，タクシーといった交通基盤と交通手段もそれに含まれるといってよい。道路は一般的に公共財とみなされ，鉄道，バス，タクシーなどは公共交通と呼ばれる。

　交通基盤と公共交通サービスのあり方は，当然ながら交通利便性に結びつき，それは当該地域にさまざまな影響をもたらす。たとえば新たな鉄道駅ができる場合，宅地・マンションや商業施設，オフィスビルなど，駅の建設と並行してその周辺地域でいろいろな開発が進むことが多い。開発後の駅周辺では居住人口が増加したり，就業，買い物，レジャーといった目的で当該地域を訪れる人々もまた増えたりするだろう。開発前からそこに居住していた住民は，交通利便性の向上と各種開発を歓迎するかもしれないが，一方で，新住民や来訪者の増加による地域社会の変化に戸惑う人々もいると思われる。

　通勤・通学をはじめとする日常的な移動に関係する公共交通の場合，上記のような現象は想定しやすいだろう。しかし，たとえば新幹線や高速道路といった長距離高速交通の基盤整備となると，また様相は異なってくる。長距離高速交通の利便性の向上は，出張や観光など，一定期間の滞在を目的とする交流人口や，定期的な滞在を繰り返すような，いわゆる関係人口の増加をもたらすかもしれない。それを期待して，地域では宿泊施設や観光施設，別

荘などの開発が進むケースも見受けられる。

　このように，交通整備状況は地域へさまざまな影響を及ぼす。これはいわば，地域社会へ作用する独立変数としての交通という位置づけになろう。

地域が左右する交通のあり方

　交通は，地域に影響を与える存在であるだけではない。地域住民の交通利用状況や，住民参加を通じた交通に関する意思決定によって，地域の交通基盤や公共交通がどのように維持・整備されていくかが変わってくる。

　東京大都市圏のような人口の増加と過密化が続いている地域では，都心部への通勤・通学者も増加し続けるため，その対応策として鉄道の運行本数や新規路線を増やしてきた。同様に，自動車の渋滞が悪化すると，それに対応するために新たな道路整備が進められることもある。過密人口の交通需要に追いつくためのこうした方策は，「需要追従型」の交通整備と呼ぶことができよう。事実上の一極集中が続く東京大都市圏では，戦後からほぼ現在に至るまで，需要追従型の交通整備が絶え間なく継続されてきた。

　一方，都市圏郊外や地方では状況が大きく異なる。少子高齢化と人口減少が並行して急速に進む地域では，公共交通の利用者が減少し，採算性の問題から交通事業者が運行本数を減らしたり，路線自体を廃止したりすることがある。こうした公共交通の衰退と利便性の低下は，日常的な移動に自家用車を利用する人々を増加させ，住民たちの多くが自家用車中心の日常生活を送るようになる。それに合わせるように，地域間を結ぶ幹線道路沿いには大規模駐車場を備えた商業施設が次々とつくられ，自家用車で来訪する利用客を複数の地域から集める。それにより，バス，鉄道，タクシーなどの公共交通の利用者がさらに減少し，自家用車利用

を軸とする生活がますます広がっていくのである。このように地方では，住民の自家用車に依存した生活構造が，地域構造の変化や公共交通の衰退を招く流れがある。

他方，交通基盤や公共交通の整備・維持の方針は，国や自治体の政策，あるいは交通事業者によって一方的に決められるものではない。近年では，地域交通に関わる法制定・法改正を契機として，地域公共交通を確保・維持・再生するために，自治体と事業者，住民，まちづくり関係者等々が協議し，住民のニーズを踏まえたうえで，地域にとって望ましい公共交通計画を策定するケースも増えつつある。そうした地域では，地域の多様なアクターが協働しながら地域公共交通の運行を支えている。

このように，住民の交通利用状況や交通を巡る関係者間の協働が，地域公共交通のあり方を左右している実態も存在する。これはいわば，地域社会によって規定される従属変数としての交通ととらえることができるだろう。

なお，ここでは交通と地域の関係性について，交通→地域と地域→交通という２つの方向性を見てきたが，どのような地域でも，どちらかがどちらかへ一方的に影響を与えるわけではない。交通と地域は，循環的な双方向性をもって相互作用をし続けているのである。

2 長距離高速交通と地域社会

国土開発と長距離高速交通

戦後の日本では，「国土の均衡ある発展」という目標のもと，地方開発が国策として進められてきた。その代表的なものが

全国総合開発計画である。第一次全国総合開発計画（一全総）は1962年に策定され，主に地方の工業拠点の配置・開発に重点を置く「拠点開発構想」がかかげられた。これを引き継ぎ69年に策定された新全国総合開発計画（新全総）では，新幹線や高速道路等の広域交通ネットワーク整備と，一全総以上に大規模な工業拠点開発を一体化させた「大規模プロジェクト構想」の推進により，地域間格差の是正が目指された。だが，その是正はあまり進まず，工業拠点開発の失敗や深刻な公害の発生といった負の側面のほうが目立つ結果となった。77年策定の第三次全国総合開発計画（三全総）では，居住環境に着目する「定住構想」のもと，大規模開発に頼らない新たな地方振興が模索されたものの，目立った成果は見られず，その一方で広域交通ネットワークの整備だけは継続されてきた。

1980年代に入ると，国土開発は外国との経済摩擦へ対応するための内需拡大手段の1つとなり，地方に対しては大都市圏との交流を重視した地域振興・活性化を目指す施策が進められた。87年策定の第四次全国総合開発計画（四全総）では，都市部と地方部を結ぶ基幹的交通，情報・通信体系の整備，民間諸団体と連携した多様な交流機会の形成などを基盤とする「交流ネットワーク構想」がかかげられ，高速道路と新幹線に加えて国内航空路線の整備も進んだ。その根幹とされた「全国一日交通圏」は，実質的には東京を中心とする大都市圏からの日帰り圏の拡大が強調され，地方は大都市圏居住者の「交流」対象としての側面が強まった。つまり四全総は，人口・産業の東京一極集中を半ば容認し，肥大化する大都市圏との交流を通じて地方振興を進めるものとなった。1998年に策定された第五次全国総合開発計画（五全総）以降の地域開発では，都市部のなかから対象を国家が指定し，いわゆる

第12章　交通と地域社会　251

「選択と集中」施策のもと，都市計画上の規制緩和や税制優遇措置，金融支援により民間事業者の開発を誘導するという形式が多くなっていく。結果的に大都市圏中心の開発がさらに加速し，2019年には，JRリニア中央新幹線によって東京圏，名古屋圏，阪神圏を一体化させる「スーパー・メガリージョン」の構想がとりまとめられている。

長距離高速交通の地域に対する効果

このように，国土開発においては長距離高速交通ネットワークの整備が継続的に進められてきた。ここでは，高速道路と新幹線について概略的に見ておく。

高速道路の場合，東京圏，名古屋圏，阪神圏を相互に結ぶ路線を中心に日本列島を縦貫する路線が1960年代から整備され，80年代以降はそれらを横断して接続する路線が整備されていく。それに先行して自動車利用の普及，いわゆるモータリゼーションが，自動車産業の育成・振興という国策を背景に急速に広がっていった。モータリゼーションと高速道路および幹線道路の整備は，戦前までの主要な陸上交通手段であった鉄道から自動車への移動手段の転換をもたらした。人の移動はもちろんだが，大きく変わったのはモノの移動，すなわち物流である。1960年代後半以降，モノの国内陸上輸送の大半を貨物自動車，トラックが担うようになった。その結果，地方においては地域内の高速道路のインターチェンジ（IC）の周辺に工業拠点を，また2000年代以降では物流拠点も併せて開発するケースが多く見られるようになった。1980年代以降，国土開発が結果的に大都市圏への集中を容認する方向性へシフトしていくなか，地方にとっては，高速道路を通じていかに速く大都市圏へモノを輸送できるかが，地域の産業や経済を大きく左右する条件となったのである。そして，ICを通

じた高速道路ならびに大都市圏へのアクセシビリティは，当該地域の産業と労働人口をある程度は担保したといえるが，多くの場合，定住人口の増加は局地的かつ限定的なものだった。

次に新幹線を見てみると，1964年に東京－新大阪間の東海道新幹線が開業した後，75年までの間に博多までの山陽新幹線が開通している。また，80年代には東北新幹線（盛岡まで）と上越新幹線が開業し，高速道路と同様に日本列島を縦貫する路線が優先的に建設された。その後，これらの路線に接続する「整備新幹線」（北陸，九州，北海道など）が順次整備されてきた。地域に新幹線停車駅ができると，大都市圏との時間距離的なアクセシビリティが高まる。1980年代後半から90年代前半にかけてのバブル経済期には，遠方への移住やセカンドハウス滞在を前提とした東京都心への新幹線通勤も話題となり，新幹線停車駅周辺エリアに大規模集合住宅や別荘を開発する事業者も多く見られたが，これも一時的な現象にすぎなかった。新幹線開業の効果のみで定住人口が増加した地域は少なく，むしろ出張や観光を目的とする大都市圏からの交流人口の増加のほうが目立った（長谷川 1988）。

> ストロー効果による地域間格差の拡大

高速道路や新幹線の整備は，地方と大都市圏を短時間で接続したものの，それらが地方にもたらした恩恵は期待されたほどではなかった。たしかに，生産と物流を介した経済循環や観光等を通じた交流人口が開拓されたかもしれないが，時間距離の短縮は，むしろ企業の主要機能や定住人口がより大都市圏へ流れてしまう動きを加速させた。アクセシビリティが高まるのならば，さまざまな基盤が確立している大都市圏を拠点にし，必要に応じて地方へアクセスしたほうが業務や生活の効率がよいからである。このように交通を介して大都市圏が地方から人・モノ・カネなど

を吸い上げることを，ストロー効果（あるいはストロー現象）と呼ぶ。ストロー効果は，他の社会経済的背景とも相互作用しつつ，大都市圏（特に東京大都市圏）と地方との地域間格差をさらに広げたといえよう。これは，東京大都市圏を起終点として放射状に地方へ延びる長距離高速交通ネットワークが，阪神圏，名古屋圏といった大都市圏，札幌，仙台，岡山・広島，福岡といった地方中核都市を二次的・三次的な結節点としながら，地域を階層化していった結果でもある（長谷川 1988）。

3 地域社会への交通インパクト

都市圏鉄道ネットワークの社会的インパクト

交通開発がある地域に及ぼす効果全般を交通インパクトといい，前節のストロー効果もこれに含まれる。交通インパクトとしては，経済学的効果が取り上げられることが多く，これまで社会学的効果が検討されることはあまりなかった。また，地域への効果について，他の要因を統制したうえで交通の独立した効果を析出するのは非常に困難とされている（長谷川 1988）。そうしたなか，後藤範章は，関清秀による開発事業の社会文化的効果の測定モデルを発展させた「修正 MHASR モデル」を提案している（後藤 1987）。

これは，相互に関連する①接近可能性（Accessibility），②移動性（Mobility），③広域性（Regionality），④連帯性（Solidarity），⑤居住性（Habitability）の5指標から，都市圏交通ネットワークの変容が地域に及ぼす社会学的効果を測定するモデルであり，各指標の頭文字からその名がつけられている（図 12-1）。このモデル

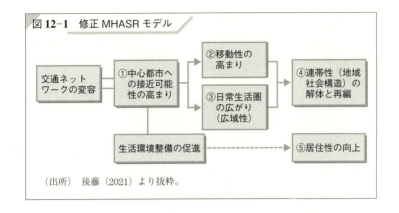

は，鉄道駅がそれまでなかった「陸の孤島」あるいは「交通空白地」の郊外地域に，都心部への通勤・通学のための直通鉄道路線の駅が新設されることにより（①），駅周辺の開発や生活環境整備が進み（⑤），当該地域のへの転入人口が増加する（②）と同時に地域住民の生活圏が都心方面へ拡大し（③），その結果，地域社会における連帯性（たとえば隣近所とのつきあい，地域内の親交関係や交流活動など）が解体・再編される（④）という仮説を示したものである（後藤 2021）。

　後藤はこの仮説モデルに基づき，1985年に国鉄（現JR）埼京線の駅が開業した埼玉県戸田市と，2005年に首都圏新都市鉄道つくばエクスプレス（TX）の駅が開業した埼玉県八潮市を対象に，継続的な量的サーベイを行い，2008年度までの調査では，おおむね仮説どおりの交通インパクトが確認されたとしている。また，埼玉県鳩ヶ谷市（埼玉高速鉄道），同三郷市（TX）も対象に加え，複数の研究者により2014年度から17年度にかけて行われた調査の結果でも，すべての地域でこの仮説が一定程度適用できることが確認された。ただし，各指標値や指標間の関連の強さについ

ては，地域によって差異が見られた。これは路線の開通時期，開通前の地域の社会経済構造と住民の生活構造，そして開通後に地域へ流入した人々の社会経済的地位と生活構造などが，地域ごとに異なっていたからであると推測される（松橋 2021）。

> 幹線鉄道の交通インパクト

後藤らの研究では，長距離高速交通である北陸新幹線と九州新幹線の交通インパクトについても調査を行っている。調査を担当した松林秀樹と田代英美によれば，都市圏の通勤・通学路線とは異なり，新幹線建設は開業後の交通需要創出を目指す「開発投資型」事業である。そこに創出されるのは非日常的な人・モノの流動であり，開業によって沿線地域に新たな定住層の増加と住民構成の変化が生じたり，住民の生活圏が広範化したりするような効果はあまり確認されなかった（松林・田代 2021）。これらの調査結果から，松林と田代は修正 MHASR モデルを部分的に改変した「幹線鉄道版」モデルを提案している（図 12-2）。

2つの図からわかるように，都市圏の通勤・通学路線と新幹線では，移動用途の日常性／非日常性の違いにより，その開業が地域社会へ与えるインパクトが異なる。前者では程度の差はあれ沿線地域の生活環境整備が促進され，居住性が向上するが，後者ではむしろ新幹線開業に伴って，地域公共交通である在来線の運行体制が変更されたり廃線となったりすることがある。その結果，地域内移動における住民の利便性が低下し，居住性（≒暮らしやすさ）が悪化する地域も出てきてしまうのである。また，前者では社会層の流動化により地域内の親交関係などの連帯性が解体・再編されるが，後者では社会層の流動化が限定的であるため，住民の親交関係に直接的な影響は及ばない。一方，新幹線停車駅という地域の新たなシンボルができたことで，地域やまちづくりに

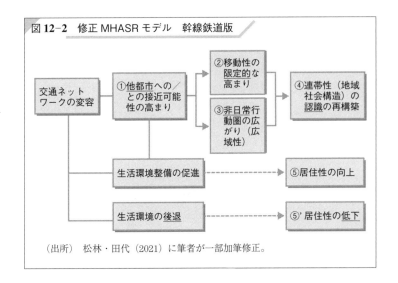

(出所) 松林・田代（2021）に筆者が一部加筆修正。

対する住民の認識やイメージが再構築されるという効果は確認されている（松林・田代 2021）。

4 地域生活のための交通

地域交通における格差　第2節で見たように，長距離高速交通ネットワークによる地方と大都市圏の接続は，結果的に両者間の格差を拡大させた。大都市圏の人口過密地域では「需要追従型」の交通基盤整備が続けられてきたが，少なくとも2020年からのいわゆる「コロナ禍」以前までは供給が追いつくことはなかったといえる。また，1990年代後半から始まった経済再生のための都市開発には，大都市圏へさらに人・モノ・資本を集中させるねらいがあり，それを促進させる交通網の

実現が目指されてきた。こうした大都市圏では，過大な人口を処理しきれない部分があるとはいえ，公共交通が非常に発達してきたため，自家用車をもたずとも日常生活での移動に困ることはあまりない。特に都心部居住者にとって，駐車場代等の維持費を考慮すると，自家用車を所有することはかえって不要なコストを増やすだけとなる場合も少なくない。

ところが地方では，地域内を移動するための乗合バスや鉄道といった公共交通が脆弱であるため，自家用車がなければ生活が成り立たない地域が多く存在する。地方からの人口流出は，地域公共交通の利用者減少へと直結する一方，全国へ波及したモータリゼーションにより，通勤・通学から買い物，旅行に至るまでのほとんどの移動を自家用車に頼る生活を広げることとなった。地方中小都市のなかには，道路整備に伴った宅地のスプロール（無秩序・無計画な整備）が進み，それに合わせるように大規模駐車場を備えた大型商業施設がつくられていったところも多い。自家用車利用の広がりとそれを前提とする施設整備の相乗効果により，地域公共交通の需要はますます低下し，結果として路線バスや鉄道が廃線となるケースが増えている。こうして地方では，自家用車利用の増加→自家用車を中心とする生活構造と地域構造→公共交通の衰退→自家用車利用のさらなる増加……という負のスパイラルが生じやすくなる。

このように，大都市部では公共交通が現在でも拡充され続けているのに対し，地方部ではその衰退が進行し，地域内の移動における自家用車依存が拡大してきた。国土交通省の全国都市交通特性調査によれば，人々の移動（トリップ）における自動車利用率は，地方の人口密度が低い都市ほど高く，かつ，経年的に高まる傾向が見られ，人口密度の高い都市では逆に自動車利用率が低く，

かつ下がる傾向にある（国土交通省 2024）。この事態は，交通利便性における地域間格差の拡大として見ることもできよう。

自家用車依存の問題点

自家用車は自宅あるいは駐車場から目的地へ直接アクセスでき，しかも基本的には24時間利用できるため，地域に道路さえ整備されていればその利便性は決して低くない。購入費と維持費の負担や交通事故リスクを許容できるならば，日常移動のための手段として積極的に選択する人も多いだろう。だが，自家用車依存の生活構造や地域構造は，それらが拡大する地方だからこそ，いくつかの重大な課題を抱えている。

宇都宮浄人によれば，過度の自家用車依存と地域公共交通の衰退は，①自家用車を利用できない人の社会的排除，②安全性に対する懸念，③排気ガス等による環境悪化，④非効率的な空間利用に起因する渋滞や駐車場不足，⑤スプロールによる公共財政の悪化という5つの問題を生じさせ，地域住民の生活の質が損なわれるという（宇都宮 2020）。特に人口流出と少子高齢化が進む地方では①が深刻な問題となりやすい。車を運転できない高齢者や障碍者などは，公共交通が利用できなければ，買い物に代表される日常的な地域内移動にも支障が生じ，特に高齢者の場合は外出そのものに消極的になってしまう。実際，国土交通省の調査によると，70代の免許非保有者は，自宅とバス停や鉄道駅との距離が遠い場合に外出率が低下している（国土交通省都市局都市計画課都市計画調査室 2022）。少子高齢化に加え，事故リスクへの懸念から免許を自主返納する高齢者が年々増加していることも踏まえると，今後，日常的な外出や地域内移動が困難になる高齢者がとりわけ地方で急速に増えていくことは想像に難くない。外出や移動の困難は，他者との対面接触機会や活動機会を減少させ，さまざ

まな社会的絆から高齢者を疎外する。このように，移動の不自由は社会的排除へとつながってしまうのである。

地域公共交通の確保・維持

高齢者をはじめとする交通弱者が外出・移動の機会から排除されないためには，地域で何らかの交通サービスを確保・維持する必要がある。しかし，1990年代後半から公共交通事業の規制緩和が進んだ結果，人口減少が続く地方の乗合バス（路線バス），鉄道，タクシーなどの交通事業は危機的な運営状況となるケースが多々見られた。人口減少と少子高齢化は，交通サービスの需要にのみ影響するわけではない。運転士（手）などの働き手の確保も容易ではなくなってくる。こうした危機に対応するためには，事業者だけに頼ってもすぐに限界がきてしまう。

多くの地方では，主に自治体が中心となり，公共交通の確保・維持への取り組みのほか，自家用車とも従来の公共交通とも異なる代替交通サービスを確保・維持する取り組みが行われてきた。いわゆる「コミュニティバス」の運行はその代表例である。コミュニティバスとは，交通空白地域・不便地域の解消等を目的として，自治体等が主体的に計画し，自治体自身あるいは委託事業者が比較的安価な運賃で運行する乗合バスである。公的資金を投入するため，地域内の既存路線バスと競合するのではなく，それを補完する役割が求められる。

コミュニティバスを導入する自治体は年々増加しているが，必ずしもその多くが成功しているわけではない。地域内の主要な施設・機関の立地と稼働状況や，利用者である住民のニーズや生活構造を把握しないままコミュニティバスを導入した自治体では，それが地域住民の日常的な「足」として十分に機能しないことも多い。これはコミュニティバスとほぼ同様の仕組みに基づき運行

する「乗合タクシー」や，利用者からの予約に応じて運行する「(オン) デマンド交通」にも当てはまることであり，特に地方では，人口も地域構造も異なる都市部での成功事例をそのまま当該地域に適用しようとして失敗することが往々にしてある（野村 2019）。どのような住民層がどのような目的でどこへ出かけることが多いのか，また日常の移動においてどのような困難を抱えているのか，といった地域社会における基本的な動向の把握が，代替交通サービスを含む広義の地域公共交通を確保・維持するための大事な要件なのである。

地域交通サービスと住民参加

地域の主体的な取り組み等によって交通サービスを確保・維持することを推進するため，2007 年に「地域公共交通活性化再生法」が制定された。同法は 2014 年，20 年と 2 回にわたり改正され，地方公共団体は，地域にとって望ましい交通サービス像を示す「地域公共交通計画」を作成する努力義務を負うこととなった。そして計画作成に当たっては「法定協議会」を設置して住民や交通事業者等の地域関係者と協議することが求められている。このほか，地域交通サービスの必要性や認可について住民を含む関係者が合意形成をする場として，道路運送法に基づく「地域公共交通会議」がある。交通弱者を含む住民が利用しやすい地域交通サービスを確保・維持するためには，こうした協議・合意形成の場へ参加する住民を介して，利用者の意見やニーズをいかに反映させられるかが鍵となろう。

また，地方において新たな交通サービスとして期待されているのが「自家用有償旅客運送」である。これは，既存のバス・タクシー事業者のサービス提供が採算上困難な場合に，地域公共交通会議等での協議を経て認可・登録を受けた自治体あるいは NPO

Column ⑮ 交通開発と住民運動

　日本では1960年代から70年代にかけて，住民の立ち退きや公害発生により沿線地域の生活環境を悪化させる交通開発に対して，異議申し立てをする住民運動が数多く展開された。

　長距離高速鉄道として現在多くの人に利用されている東海道新幹線に対しても，開業後に騒音や振動に苦しむ沿線住民が抗議運動を起こしている。事業者である国鉄（現JR東海）は，新幹線の利便性は幅広い人々に享受される公共性を備えたものであるとし，沿線の局所的な公害被害者を軽視してきた。事業のさまざまな恩恵を受ける社会的圏域を受益圏，逆に苦痛や損害を被る社会的圏域を受苦圏というが，舩橋晴俊らは受益圏と受苦圏が分離しているところに新幹線公害の特徴を見出した。この分離が認知・感受の乖離を生み，受益の還流による受苦の防止・相殺がきわめて不十分なものになってしまうという（舩橋 1985）。東海道新幹線の公害に抗議する住民運動は，やがて東北・上越新幹線建設に対する運動や，その成果としての騒音・振動対策にもつながった。

　道路の場合，鉄道の線路よりも生活空間との連続性が高いため，建設に伴う受益圏と受苦圏の構造が複雑になるが，高速道路や大規模幹線道路であれば，新幹線と類似した特徴をもつ。1960年代・70年代にはそうした道路建設に対しても住民運動が全国各地で展開され，住民の権利と生活環境を重視する「革新自治体」の興隆とも相まって，計画が凍結されたり，住民参加機会を通じて計画が見直されたりする事例が一定数見られた（松原・似田貝編 1976）。その後，道路計画策定プロセスにおける住民・市民参加機会が1990年代後半以降にさまざまなかたちで制度化されてきたが，これもかつての住民運動の成果の1つである。ただし，現在の住民・市民参加機会は形骸化しており，事業を進めるための「アリバイづくり」にすぎなくなっているという見方があることも付記しておきたい。住民・市民参加機会は，異なる立場どうしの議論を通じてより妥当な方向性を模索する「対抗的分業」の場であることが望ましいだろう。

法人等が，既存事業者と競合しないことを前提に自家用車を利用して交通サービスを提供するものである。このサービスは，自家用車所有率が高い地方において，その自家用車や地域住民を活用して交通弱者の問題へ対処する試みであり（野村 2019），住民が地域交通の担い手として参加し，関係者と協働する取り組みであるともいえる。そしてこのサービス形態の延長線上にあるのが，個人の自家用車に有償で相乗りをする「ライドシェア」である。そもそも地方では，家族・親族，近隣，友人等の関係において，自家用車に相乗りして移動するのは珍しいことではなかったが（野村 2019），少子高齢化等によりこうした地域内相互扶助が困難になりつつある。自家用有償旅客運送やライドシェアは，かつては可能であった地域内相互扶助を有償制度化したものとしてとらえることもできよう。

　日常的に自家用車を利用している人は，とかく地域交通サービスに対して無関心になりがちである。だが，年齢を重ねれば誰もが運転できなくなる。政府主管による有識者懇談会も提言しているとおり（地域公共交通の活性化及び再生の将来像を考える懇談会 2017），地域住民が，自家用車依存の持続「不」可能性と地域交通の抱える問題を自覚・認識しつつ，地域交通サービスの維持・改善の取り組みに参加し，自治体や事業者等と協働することは，誰もが外出・移動しやすい地域社会を実現するうえでとても重要なのである。

引用・参照文献

　地域公共交通の活性化及び再生の将来像を考える懇談会，2017，「提言——次の10年に向かって何をなすべきか」。

舩橋晴俊，1985，「社会問題としての新幹線公害」舩橋晴俊・長谷川公一・畠中宗一・勝田清美『新幹線公害——高速文明の社会問題』有斐閣．
後藤範章，1987，「交通ネットワークの変容と地域社会構造変容——東京大都市圏内諸地域を事例とした第一次報告」日本大学社会学会『社会学論叢』99．
後藤範章，2021，「鉄道交通の歴史的展開と都市圏の形成」後藤範章編『鉄道は都市をどう変えるのか——交通インパクトの社会学』ミネルヴァ書房．
長谷川公一，1988，「高速交通ネットワークは何をもたらしたか——東北新幹線開業の社会的機能」舩橋晴俊・長谷川公一・畠中宗一・梶田孝道『高速文明の地域問題——東北新幹線の建設・紛争と社会的影響』有斐閣．
国土交通省，2024，『令和6年版交通政策白書』．
国土交通省都市局都市計画課都市計画調査室，2022，『都市における人の動きとその変化——令和3年度全国都市交通特性調査集計結果より』．
松原治郎・似田貝香門編，1976，『住民運動の論理——運動の展開過程・課題と展望』学陽書房．
松林秀樹・田代英美，2021，「整備新幹線の交通インパクト——ジレンマの中での政策選択と直面する課題」後藤範章編『鉄道は都市をどう変えるのか——交通インパクトの社会学』ミネルヴァ書房．
松橋達矢，2021，「通勤新線のインパクト——地域社会構造変動のグラデーション」後藤範章編『鉄道は都市をどう変えるのか——交通インパクトの社会学』ミネルヴァ書房．
野村実，2019，『クルマ社会の地域公共交通——多様なアクターの参画によるモビリティ確保の方策』晃洋書房．
宿利正史・軸丸信二編，2024，『地域公共交通政策論〔第2版〕』東京大学出版会．
宇都宮浄人，2020，『地域公共交通の統合的政策——日欧比較からみえる新時代』東洋経済新報社．

Summary　サマリー

　交通の整備・維持のあり方は地域社会へ影響を与えるが，逆に地域での交通利用状況や多様なアクターの協働は交通の整備・維持のあり方に影響を及ぼす。そこには循環的な相互作用関係が存在する。戦後の日本では「国土の均衡ある発展」のために地方開発が国策として進められ，その一環として東京大都市圏を基点とする長距離高速交通網の整備が行われてきた。高速道路や新幹線の整備は，地方への交流人口や局所的かつ限定的な定住人口を増加させた一方，ストロー効果を通じて人・モノ・カネを大都市圏へ集中させ，地域間格差をさらに広げてしまった。交通開発が地域に及ぼす効果全般を交通インパクトという。鉄道網の変容が地域にもたらす社会文化的インパクトを測定する「修正MHASRモデル」に基づく研究では，東京大都市圏においてこのモデルをおおむね適用できたが，整備新幹線についてはモデルの修正が必要であった。地方では自家用車依存の生活構造とそれに基づく地域構造が支配的であり，公共交通が衰退しているため，高齢者等の交通弱者の社会的排除が起こりやすい。これを防ぐには，住民のニーズに基づく地域交通の運行や，計画策定・運行への住民参加と協働が重要である。

SEMINAR　セミナー

1. これから新たに新幹線や高速道路が整備される地域には，どのような効果・影響がもたらされるだろうか。定住人口と交流人口という視点から検討してみよう。

2. 公共交通が発達した大都市圏であれば，交通空白地帯や交通弱者は生まれづらいといえるだろうか。都市圏構造の側面から考えてみよう。

3. 人口減少が著しい地方で地域交通サービスを確保・維持する

ために，地域住民にできることは何だろうか。具体的に考えてみよう。
4. スマートフォン等の情報通信端末を活用して地域交通サービスをより使いやすいものにしていくならば，どのような点を考慮すべきだろうか。利用者の多様性という観点から検討してみよう。

読書案内

後藤範章編『鉄道は都市をどう変えるのか——交通インパクトの社会学』ミネルヴァ書房，2021
　鉄道交通ネットワークの形成が地域へもたらす社会的インパクトを実証的に検討したもの。大都市圏の在来線と整備新幹線を対象に，量的サーベイデータの分析のほか，各種指標を描写した社会地図の分析，住宅地図と写真を用いた地域の経年変化の分析を行っている。

野村実『クルマ社会の地域公共交通——多様なアクターの参画によるモビリティ確保の方策』晃洋書房，2019
　モータリゼーションが進んだ現代はクルマ社会ともいえるが，それがより顕著な地方において，自家用車に代わる交通手段をどのように確保することができるのかを，地域の多様なアクターの実践事例から検証している。社会学的交通研究としても貴重である。

宇都宮浄人『地域公共交通の統合的政策——日欧比較からみえる新時代』東洋経済新報社，2020
　日本の公共交通政策の経過と問題点を，ヨーロッパ諸国との比較を通じて論じている。豊富な事例とデータから公共交通をめぐる実態と課題を丹念に描いており，そのなかでも公共交通とソーシャル・キャピタルの関係について分析した第9章と第10章は非常に興味深い。

——————— 小山雄一郎◆

新・地域の社会学 索引

■あ行

秋元律郎　190
アソシエーション　27
家（イエ）　10-13, 147
イエ・ムラ論　104, 108
五十嵐敬喜　91
生きづらさ　166
意思決定　67
磯村英一　79, 176
イデオロギー装置　60
稲葉佳子　217, 218
インフォーマル・グループ　80
ヴェーバー，M.　91, 107
宇都宮浄人　259
エスニシティ　17, 116
エスニック・コミュニティ　217
エスニック・ビジネス　216, 219
エスニック・マイノリティ　216
NGO　54, 91
NPO　54, 91, 137, 158, 161
エピソディック・ボランティア　139
大島隆　211
大矢根淳　198
岡崎広樹　211
奥田道大　217
落合恵美子　148
オルデンバーグ，R.　176, 177

■か行

外国人住民　209
外国人の集住地　209, 222
階層　17, 86-88
核家族化　10, 128, 148
家族　11
家族の戦後体制　148, 150
家庭　79, 80
稼働能力　235
簡易宿泊所　229, 231, 232
環境問題　17, 53, 77
関係人口　248
緩衝装置　237
関東大震災　187
議会　90
機関　48
機関委任事務　57, 68
聴き取り調査　103, 105
企業城下町　62, 66
ギグ・ワーカー　169
規制緩和　83
基礎自治体　40, 56
木下直之　107
教育　59
教育委員会　59, 61
教育行政　60
教育文化活動　60, 61
共助　188, 198, 199
行政村　24, 25, 34
協働　147, 153, 160
共同性　34
共同体の解体　49
共同保育　151
共同防衛　134, 197
郷土史　100
居住　6
居住の不安定性　232
近代社会システム　17, 24
金融資本　65
近隣　80
空間の商品化　49

空間の生産　77
空間論　77
熊本地震　184
倉田和四生　125
グリア, S.　39
グローバル　66, 69
グローバル化　17
グローバルな資本　88
景観　66
結節機関　36, 52
建設業資本　65
言説分析　97, 103
建造環境　77
広域交通ネットワーク　251
合意形成　215
公営住宅　213
公営住宅法　213
公害　63, 82, 251, 262
公害防止条例　68
公共交通　248, 258
公共交通計画　250
公共交通の衰退　249, 259
公共事業　65
合計特殊出生率　149, 155
公史　102
公助　188, 198
高速道路　252
構築主義　97
交通インパクト　254-256
交通弱者　260, 263
公有地　55
交流人口　248, 253
国勢調査　11, 14
国土開発　251, 252
個人　78, 79, 84
子育て支援　147, 157
国家　54, 56
後藤範章　254
孤独死　125, 242
子ども会　152
子ども・子育て会議　157

コミュニティ　27, 28, 31, 32, 34, 124
コミュニティ活動　125
コミュニティ再生　138
コミュニティの形成　125
コミュニティバス　260
コミュニティ論　30
小山弘美　139, 197
雇用の流動化　168
コリアンタウン　221
孤立死　125
コロナ禍　257
今野裕昭　194

■さ 行

災害　116, 184, 186, 198
災害弱者　190
災害脆弱性　198
災害対策基本法　196
災害ボランティア　200
災害ユートピア　201
在留外国人　206
サードプレイス　176, 177
参加　139
三世代世帯　173
参与観察　211
自営業者　127
シェヴキィ, E.　29, 39
ジェンダー　116
ジェンダー構造　168
自家用車　249, 258
自家用車有償旅客運送　261
私史　102
自主防災組織　195
自助　188, 198
市場経済　62
市制・町村制　131
自然村　24, 25, 34
自治会　195-197, 211, 215
自治事務　57
資本主義　82

268

社会学　107
社会関係　25, 76
社会地区分析　29, 39
社会的共同消費　50, 55
社会的共同性　35
社会的つながり　51, 83, 84
社会的ネットワーク　84, 85
社会的ネットワーク論　87
社会的排除　260
社　交　80
住居喪失者　228
集合体　48
集合的アイデンティティ　99
集合的消費　50, 55
住所不定者　235
修正MHASRモデル　254, 256
重層的支援体制整備事業　178
住宅供給公社　213
住宅弱者　218
集　団　48, 78, 79, 84
住民運動　151, 262
受益圏　262
受苦圏　262
出生数　149
生涯学習　60
生涯未婚率　170
少子化　146
少子化対策　155, 156
少子高齢化　127, 249, 260
庄司知恵子　197
商店街　81
消費者運動　53
職住分離　13
職　場　79, 80
所　有　75, 76
新型コロナウイルス　126, 136
新幹線建設　253, 256, 262
人口減少　249, 260
人口減少社会　127
鈴木栄太郎　24-26, 34, 36, 52, 79, 166
須田木綿子　139

ストロー効果　254
スプロール　258
生活基盤（インフラストラクチャー）　248
生活クラブ生協運動　151
生活構造論　87
生活史（ライフ・ヒストリー）　104, 116
生活時間配分　8
生活史研究　104
生活保護制度　235, 240
生活問題　9, 10, 38
生活領域　8
脆弱性　186, 190, 191
製造業資本　64
制　度　78, 79, 81, 82, 84, 89
性別役割分業　86, 148
世　帯　11, 14, 129
世帯構成の変化　128
世帯類型の変化　173
遷移地帯　26
戦後教育改革　61
全国一日交通圏　251
全国総合開発計画　251
前社会的共同性　35
前社会的統一　34
専門処理システム　24
相互扶助　10
組　織　78, 79, 84
ソーシャル・キャピタル　138, 175
　　結合型の――　175
　　橋渡し型の――　175
村落社会　105

■た　行

第1地域空間　41, 42
第三空間　79, 176
第3地域空間　41
第2地域空間　41, 42
ダイバーシティ　116

第 4 地域空間　41, 42
代理人運動　68, 69, 151
多義性　4
多重性　5
田代英美　256
多文化共生　212
玉野和志　134, 197
団体　48
単独世帯　173
地域　4
地域開発政策　53
地域課題　133
地域活動　124
地域間格差　259
地域共生社会　178
地域共同管理機能　134
地域空間　41
地域公共交通　250
地域公共交通活性化再生法　261
地域公共交通計画　261
地域コミュニティ　194
地域社会　38, 124, 172
　——とのつながり　242
地域社会概念　32, 33
地域社会学　16, 24
地域振興　251
地域政策　50, 55, 56, 58
地域特性　39
地域の歴史　97, 115
地域の歴史的起源　97, 106
地域福祉　178
地域防災計画　193
地域類型論　62
地縁組織　150
地区防災計画　193, 195
地方議会　67, 68
地方自治　57, 58, 68
地方自治体　54, 56
地方分権一括法　137, 158
地方分権改革　57, 58, 137
中央教育審議会　59

長距離高速交通　248, 252, 256, 257
調査研究　112
町内会　66, 81, 124, 130, 132, 195, 196, 197
町内会の解散　136
辻中豊　135
つどいの広場事業　159
定住　74-76, 166
定住人口　253
デュルケム，E.　109
伝統的共同体　25
統一地方選　68, 69
東北地方太平洋沖地震　→東日本大震災
特定非営利活動促進法（NPO法）　137, 200
都市　190
都市化　53, 105
都市下層　228
都市計画　50, 55, 56, 58, 77
都市災害　190
都市社会学　16, 85, 109
都市的生活様式　9, 10, 160
共働き世帯　151, 168

■ な 行

内容分析　103
中筋由紀子　105
中田実　134
中野卓　104
中村吉治　108
中村八郎　194
西澤晃彦　166
日本型福祉　148
日本的雇用　168
入居差別　218
ニューカマー　206, 215, 217
ネオ・リベラリズム　83
ネットカフェ生活者　228
ネットワーク　85, 86
ネットワーク分析　79, 85, 86, 88

ネットワーク論　86
農村社会学　24
野宿者（ホームレス）　229, 232, 233, 240
能登地震　184, 200

は 行

排外主義　209
背後仮説　33
ハーヴェイ，D.　77
パーク，R.E.　26, 27, 34
ハザード（災害因）　186
ハザードマップ　184, 198
パーソナル・ネットワーク論　109
パットナム，R.D.　138
晩婚化　148
阪神・淡路大震災　125, 187, 194, 200
飯場　230, 231
東日本大震災　116, 184, 187
非行　152
非正規雇用　169
非正規労働者　167
非対面のコミュニケーション　126
ひとり親世帯　173
日雇労働者　229, 230
標準世帯　173
ヒラリー，G.A.　28, 34
貧困　14
貧困調査　14
不安定就労　166, 228
フィールドワーク　114
福武直　104
ブース，C.　14
舩橋晴俊　262
部落会　132
プレーパーク　153
文化資源学　107
文化消費　99
文化的アイデンティティ　66
ベル，W.　29, 39

防災　134, 184
防災基本計画　193
防災訓練　184
防災・減災　125, 187, 192, 198
防災コミュニティ　196
防災まちづくり　192, 194, 198
法定受託事務　57
母子世帯　167
ホームレス　→野宿者
ホームレス自立支援法　239
ホームレス対策　240, 242
ホームレス問題　239, 241
ボランティア　91
ボランティア活動　53
ボランティアセンター　200

ま 行

マスメディア　67-69
増山均　152
まちづくり　7
まちづくり条例　68
町村敬志　222
マッキーバー，R.M.　27, 28
松林秀樹　256
松宮朝　174, 214, 222
マルクス，K.　76
マルチエスニック　216
未婚化　148
宮本太郎　167
宮本常一　107
民主主義　58, 83, 90
メンバーシップ型雇用　168
木密地域　193
モータリゼーション　252
ものづくり　64
モビリティーズ・スタディーズ　75, 76
森千香子　213

索　引　271

や行

薬害　82
安田浩一　211
柳田國男　107
山崎正和　109
UR（独立行政法人都市再生機構）　213
横田尚俊　199
横山源之助　14
吉井博明　198
寄せ場労働者　229-231

ら行

ライドシェア　263
理解社会学　107
リーダーシップ　90
流動　74-76
利用　75, 76
ルフェーブル, H.　77
歴史決定論　97
歴史社会学　116
歴史人口学　107
労働力の再生産　64, 66
ローカル　66, 69
ローカル・コミュニティ　67
ローカルな資本　88
路上から地域へ　241
路上生活　238

わ行

渡戸一郎　217

【有斐閣アルマ】
新・地域の社会学
Sociology of Urban Community, New edition

2025 年 3 月 10 日 初 版第 1 刷発行

編　者	森岡清志（もりおかきよし）
発行者	江草貞治
発行所	株式会社有斐閣
	〒101-0051 東京都千代田区神田神保町 2-17
	https://www.yuhikaku.co.jp/
装　丁	デザイン集合ゼブラ＋坂井哲也
組　版	有限会社ティオ
印　刷	株式会社理想社
製　本	大口製本印刷株式会社
装丁印刷	株式会社亨有堂印刷所

落丁・乱丁本はお取替えいたします。定価はカバーに表示してあります。
©2025, Kiyoshi Morioka.
Printed in Japan. ISBN 978-4-641-22241-0

本書のコピー，スキャン，デジタル化等の無断複製は著作権法上での例外を除き禁じられています。本書を代行業者等の第三者に依頼してスキャンやデジタル化することは，たとえ個人や家庭内の利用でも著作権法違反です。

JCOPY　本書の無断複写（コピー）は，著作権法上での例外を除き，禁じられています。複写される場合は，そのつど事前に，(一社)出版者著作権管理機構（電話03-5244-5088, FAX03-5244-5089, e-mail:info@jcopy.or.jp）の許諾を得てください。